Le droit du jeu vidéo

Geoffray Brunaux

Le droit du jeu vidéo

Le Droit en poche

mare & martin

Texte intégral

ISBN 978-2-38600-203-8

Sommaire

Chapitre introductif. La définition légale du jeu vidéo

Chapitre 1. Le jeu vidéo, une œuvre de l'esprit complexe

Chapitre 2. Qui est titulaire des droits d'auteur
sur un jeu vidéo ?

Chapitre 3. L'influence des origines créatives du jeu vidéo
sur le droit d'auteur

Chapitre 4. Les mesures techniques de protection

Chapitre 5. L'émulation est-elle légale ?

Chapitre 6. Les modifications des jeux vidéo
par les joueurs

Chapitre 7. Le joueur est-il propriétaire des jeux vidéo
de sa ludothèque ?

Chapitre 8. La protection des contenus virtuels
des joueurs

Chapitre 9. Les jeux défectueux

Chapitre 10. La revente d'occasion des jeux vidéo

Chapitre 11. La réglementation du jeu vidéo compétitif

Lexique

Bibliographie indicative

Chapitre introductif

La définition légale du jeu vidéo

En 1958, lorsque Robert Dvorak et William Higinbotham développèrent sur un oscilloscope une simulation de trajectoires de balle rappelant le tennis et le ping-pong, ils étaient certainement loin d'imaginer que ce jeu, auquel l'on attribuerait ultérieurement la dénomination de jeu vidéo, deviendrait la première industrie mondiale du divertissement, dépassant le chiffre d'affaires des marchés de la musique et de la cinématographie réunis. Pourtant, l'histoire n'a eu de cesse de donner des indices témoignant de l'essor fulgurant du jeu vidéo : la borne d'arcade *Pong* qui, installée pour la première fois en 1972 dans un bar de Californie, tomba en panne quelques jours plus tard à cause d'un monnayeur trop plein; le jeu de labyrinthe *Pac-Man*, mettant en scène le héros éponyme, transformé très rapidement en une franchise permettant la commercialisation de produits dérivés, tels que des t-shirts et même une série animée; l'année 1983, date du « krach du jeu vidéo » lié à la commercialisation de jeux de piètre qualité, mais qui aura corrélativement contribué au succès des développeurs japonais, les sociétés *Nintendo* et *Sega* en étant les figures de proue… Rares sont les secteurs ayant connu un développement aussi spectaculaire, sortant le jeu vidéo des salles d'arcade pour l'amener au cœur des salons des familles et, désormais, sur les écrans des plus grandes arènes avec le développement du jeu vidéo compétitif, ou *e-sport*. Même si cette trajectoire pouvait paraître imprévisible, c'est pour autant la nature unique du jeu vidéo qui explique son essor.

Le jeu vidéo est d'abord un produit étroitement lié aux nouvelles technologies et qui sait tirer profit de leur évolution. D'abord pratiqué à l'aide d'un oscilloscope, ce sont ensuite des bornes d'arcade qui ont été distribuées, avant que le jeu vidéo ne conquiert les micro-ordinateurs, les téléviseurs personnels à l'aide de consoles de jeux à support cartouche puis optique. Les terminaux sont ensuite devenus portables, avec la commercialisation du populaire *Game Boy* de *Nintendo*, pour désormais gagner les smartphones sous la forme d'applications. Ceci est sans compter sur la même exploitation des nouvelles technologies pour proposer de nouvelles expériences de jeu : reconnaissance de mouvements avec manette comme le met en œuvre la console *Nintendo Wii*, ou sans contrôleur avec l'aide du *Kinect* de *Microsoft*; réalité virtuelle à l'aide de casques dédiés comme le *Meta Quest* de l'entreprise états-unienne *Meta*; réalité augmentée, popularisée notamment par l'application *Pokemon Go* du studio *Niantic*; jeu en *streaming* désormais accessible depuis différentes plateformes comme le *Playstation Network* du fabricant japonais *Sony*... C'est donc sa diversité et son renouvellement permanent dans son concept propre que le jeu vidéo parvient à conserver son public et à en attirer un nouveau.

Parallèlement, le jeu vidéo est un produit culturel. Alors que les premières productions consistaient pour l'essentiel en des simulations sportives sommaires, les développeurs se sont ensuite inspirés des œuvres cinématographiques pour proposer de nouvelles expériences. Ce rapprochement se faisait déjà sentir lorsqu'en 1982, le studio *Activision* publia *Pitfall!*, un jeu d'aventure proposant d'incarner l'aventurier Pitfall Harry et dont la parenté avec un autre célèbre aventurier, Henry Walton Jones Jr., plus connu sous le nom d'Indiana Jones, ne faisait guère de doute.

L'influence du cinéma sur le jeu vidéo a même conduit ce nouveau medium dans les prétoires. En effet, lorsque la société *Nintendo* sortit en 1981 son jeu *Donkey Kong*, mettant en scène un gorille géant ayant capturé une princesse emprisonnée au sommet d'un échafaudage, le studio cinématographique états-unien *Universal City Studios* y vit une exploitation contrefaisante de son film *King Kong*, sorti en 1976, amenant la *United States Court of Appeals, Second Circuit* à trancher le différend, en faveur de *Nintendo*, le 4 octobre 1984 (*United States Court of Appeals, Second Circuit, Universal City Studios Inc v. Nintendo Co Ltd*, 746 F.2d 112, 223 U.S.P.Q. 1000).

Au-delà de la seule réutilisation d'œuvres protégées sans l'autorisation de leur ayant droit, ce contentieux opposant *Universal City Studios* à *Nintendo* était révélateur de la promiscuité existant entre le jeu vidéo et la cinématographie, voire plus largement les créations audiovisuelles.

Très tôt, le jeu vidéo s'est inspiré du cinéma dans sa façon de jouer, ou *gameplay*. C'est ainsi que certains jeux consistent en des dessins animés ou films interactifs, autrement dénommés *QTE* pour *Quick Time Event*, dont le principe est de visionner une production audiovisuelle au cours de laquelle le joueur doit appuyer sur la touche adéquate au moment escompté. Découverts avec le jeu *Dragon's Lair* édité par *Cinematronic* en 1983, ces jeux furent popularisés avec l'utilisation des supports optiques – CD-ROM, DVD-ROM, Blu-Ray – dont les capacités de stockage étaient plus importantes que les disquettes et cartouches. De façon plus discrète, ce sont certains codes de mise en scène qui ont été empruntés à l'industrie cinématographique. Ceci a été facilité par l'utilisation de technologies permettant d'intégrer des scènes cinématiques en cours de partie, dont le *Japonese Role Playing Game* – J-RPG – *Final Fantasy 7*, édité par *Square Enix* en 1997, a contribué à la popularité. Cet emprunt se retrouve également dans la variété des types de jeux créés, certains reproduisant des genres cinématographiques tels que le cinéma d'horreur, à l'image de la saga *Resident Evil*, *survival horror* créé par la société japonaise *Capcom*.

Si le jeu vidéo s'est inspiré du cinéma, comme un cadet de son aîné, l'inverse se vérifie également. C'est ainsi qu'ont été produits des films interactifs au cours desquels les spectateurs sont amenés à faire un choix entre plusieurs options influençant directement le déroulement du scénario. La série d'anthologie *Black Mirror* en a fourni un exemple marquant avec son épisode *Bandersnatch*, diffusé en 2018 sur la plateforme de vidéo à la demande *Netflix*, et qui propose pas moins de treize fins alternatives, selon les dires des spectateurs les plus persévérants. Dans un autre ordre d'idées, certaines productions cinématographiques se sont appropriées des mises en scène qui, jusqu'alors, étaient réservées aux seuls jeux vidéo. Dans cette veine, lorsque le *first person shooter*, ou *FPS*, *Doom* a été porté sur le grand écran en 2005, son réalisateur Andrzej Bartkowiak y a intégré une scène de combat à la première personne, point de vue que la franchise a contribué à populariser au début des années 1990. Allant plus loin, le long métrage *Hardcore Henry* met le spectateur dans la peau et derrière les yeux d'Henry, un être humain transformé pour partie en cyborg, amenant ainsi à suivre l'aventure telle que perçue par le protagoniste principal.

D'un point de vue notionnel, ce rapprochement entre le jeu vidéo et les créations cinématographiques, dans lesquelles les compositions musicales se trouvent également impliquées, n'a guère soulevé de questionnement juridique, hormis les rares cas dans lesquels une œuvre protégée par le droit d'auteur venait à être réutilisée dans l'un ou l'autre medium sans l'autorisation préalable de l'ayant droit. Or, pour trancher ce type de différends, s'interroger sur la nature même d'un jeu vidéo ou d'une œuvre cinématographique ne constituait pas un préalable nécessaire.

La donne fut différente lorsque, pour contribuer au développement de ce secteur culturel, le législateur national décida de mettre en place, à compter du 1er janvier 2008, un crédit d'impôt à destination des développeurs de jeux vidéo. Or, avant même de se poser la question du périmètre artistique de ce crédit d'impôt – *quid* des jeux à caractère violent, pornographique, etc. ? –, il convenait de déterminer ce qu'était un jeu vidéo, ce afin que d'autres industries créatives ne cherchent pas à se voir octroyer un avantage fiscal qui ne leur était pas destiné à l'origine. Le législateur s'est alors heurté à son propre silence. En effet, alors même que le jeu vidéo aurait pu apparaître dans la liste des œuvres de l'esprit énoncées à l'article L. 112-2 du Code de la propriété intellectuelle, il n'en était rien. Autrement dit, bien plus qu'une absence de définition, le jeu vidéo n'était pas juridiquement identifié.

Servant de fondement à une mesure fiscale, la définition légale du jeu vidéo en droit interne français figure dans le code général des impôts, en son article 220 *terdecies*, II, qui dispose qu'« est considéré comme un jeu vidéo tout logiciel de loisir mis à la disposition du public sur un support physique ou en ligne intégrant des éléments de création artistique et technologique, proposant à un ou plusieurs utilisateurs une série d'interactions s'appuyant sur une trame scénarisée ou des situations simulées et se traduisant sous forme d'images animées, sonorisées ou non ».

Certes, cette définition présente plusieurs défauts. D'une part, elle ne paraît relever que de la seule discipline fiscale, même si rien n'interdit de s'en inspirer dans d'autres domaines, par analogie. De même, une place centrale est accordée au logiciel, ce qui se justifie non pas par des considérations artistiques mais techniques. En effet, sans le logiciel pour coordonner l'ensemble des composante du jeu vidéo, celui-ci n'est alors pas en mesure de faire vivre son expérience aux joueurs. Enfin, la référence à un logiciel de loisir occulte le fait que le jeu vidéo est désormais utilisé à des fins éducatives, de formation, ce que l'on qualifie de *serious games*, voire même thérapeutiques.

Pour autant, tout aussi discutable soit-elle, cette définition présente plusieurs intérêts. Elle met d'abord en avant la richesse du jeu vidéo en ce qu'elle fait certes référence à son aspect technologique, mais aussi à ses composantes artistiques, scénaristiques, musicales, également présentes dans les œuvres cinématographiques. En cela, ces créations sont intimement liées. Cependant, le législateur met également en exergue une composante du jeu vidéo qui semble pouvoir être érigée en critère de distinction avec la cinématographie : l'interactivité. On constate d'ailleurs que la définition issue du code général des impôts ne qualifie pas le public visé de spectateurs mais d'utilisateurs, comme pour souligner leur rôle actif lors du déroulement de la partie. La pertinence de ce critère pourrait prêter le flanc à la critique en raison de l'existence de films interactifs. Or, même sous leur forme contemporaine, ces derniers présentent une interactivité particulièrement limitée, car réduite à la réalisation de quelques choix à des instants prédéterminés du déroulement du scénario. C'est donc une question de degré d'interactivité qui permet encore de différencier le jeu vidéo de la production audiovisuelle interactive.

L'absence de définition légale du jeu vidéo au-delà du seul droit fiscal, ainsi que ses différentes imperfections, expliquent pourquoi de nombreux contentieux ont amené les juges à s'interroger sur la notion même de jeu vidéo d'un point de vue juridique. Mais, dépassant la seule nature de ce nouveau type de création culturelle et de divertissement, se pose désormais la question de l'application de la règle de droit à l'ensemble de son écosystème.

Chapitre 1

Le jeu vidéo, une œuvre de l'esprit complexe

Si le jeu vidéo n'apparaît pas dans la liste des œuvres de l'esprit énoncée à l'article L. 112-2 du Code de la propriété intellectuelle, ce n'est pas tant en raison de la jeunesse de ce type de productions que des hésitations quant à sa nature au titre des créations intellectuelles.

Ces doutes se justifient lorsque l'on en revient historiquement à la création des jeux vidéo. Qu'il s'agisse de *Tennis for two* qui se jouait sur oscilloscope ou encore de la borne d'arcade *Pong* et de ses dérivés, le jeu vidéo avait pour dessein de reproduire des activités sportives de façon sommaire, en l'occurrence des jeux de raquette puis, ultérieurement, de football et de hockey sur glace, sous forme de simulations très pixellisées. Nous étions encore loin des œuvres de l'esprit comparables à des créations littéraires et artistiques, qui accordent une part bien plus large à la fiction et à l'imaginaire.

À ce constat créatif s'en ajoute un second, quant à lui technique. Si les premiers jeux vidéo ont marqué les esprits, c'était en raison de la création d'un procédé technique qui permettait de reproduire sur un écran de téléviseur une image sur laquelle l'utilisateur pouvait exercer une influence grâce à un contrôleur. Le plus célèbre est celui qui a été déposé aux États-Unis, auprès de l'*United States Patent and Trademark Office* (USPTO), par l'ingénieur Ralph Baer, connu sous le nom de *480 patent*, et qui a ensuite été réutilisé pour donner naissance à celle qui est présentée comme la première console de l'histoire, la *Magnavox Odyssey*. C'est d'ailleurs ce brevet qui est à l'origine du premier contentieux ayant amené à s'interroger sur la nature juridique d'un jeu vidéo.

La société *Magnavox* assigna plusieurs fabricants de jeux vidéo, y compris la société *Atari* qui distribuait les bornes d'arcade *Pong*, au motif que ce dernier jeu, et tous les clones qui en découlèrent, s'inspiraient des créations préalables de la demanderesse. Or, pour ce faire, la société *Magnavox* ne s'appuya pas sur les fondements de l'*unfair competition* et du *copyright*, mais sur le droit des brevets, pour contrefaçon du *480 patent* susvisé. Alors que plusieurs des défenderesses préférèrent opter pour un règlement extrajudiciaire du différend, la société états-unienne *Chicago Dynamics* résista, ce qui conduisit les parties devant le juge John F. Grady du *Northern District of Illinois*. Dans une décision du 10 janvier 1977 (*Magnavox Co. V. Chi. Dynamic Indus.*, N°s 74 C 1030, 74 C 2510, 1977, U.S. Dist. LEXIS 17996, (N.D. Ill. Jan. 10, 1977)), le tribunal fit droit à la demande en reconnaissance de contrefaçon de brevet formulée par la société *Magnavox*, la juridiction estimant que le brevet déposé par Ralph Baer était pionnier et que l'utilisation ultérieure d'un procédé technique similaire requérait son autorisation préalable.

Si la protection des jeux vidéo sur le fondement du droit des brevets peut surprendre, la décision était parfaitement ancrée dans l'ère de son temps. En effet, les jeux qui étaient commercialisés ne présentaient pas d'originalité au sens du droit d'auteur, puisqu'ils ne manifestaient en rien une création artistique consciente reflétant la personnalité de leur concepteur. Tout au mieux s'agissait-il d'essayer de simuler des activités sportives à l'aide de pixels représentant une balle et des raquettes. Ensuite et surtout, à cette époque, le jeu vidéo en tant que *software* n'existait pas. Celui-ci était en effet indissociable du terminal de jeu, ou *hardware*, dans lequel il était préenregistré. Ce terminal, et les jeux qu'il embarquait, n'étaient alors perçus ni plus ni moins que comme un accessoire à connecter sur un téléviseur pour y diffuser des jeux interactifs aux graphismes rudimentaires. La protection par le droit des brevets s'imposait donc au jeu vidéo, qui correspondait alors à un nouveau procédé technique.

C'est au cours des années 1980 que le secteur du jeu vidéo a connu un tournant, certes avec son désormais célèbre krach économique en 1983, mais essentiellement en raison de l'évolution technologique des terminaux et supports utilisés. Non seulement les terminaux n'embarquaient plus des jeux préenregistrés, mais un lecteur de supports interchangeables sur lesquels les jeux étaient stockés, à l'instar des consoles *Atari 2600*, *Sega Master System* et *Nintendo Entertainment System*. Mais, en outre, la croissance de la puissance de calcul et des capacités de stockage des supports a permis de s'émanciper des seules simulations sportives pour ouvrir de nouveaux horizons créatifs : la plateforme avec *Pitfall!* d'*Activision* en 1982, l'aventure grâce à *The Legend of Zelda* de *Nintendo* en 1986, le jeu de rôle futuriste *Phantasy Star* de *Sega* en 1987, etc.

Cette évolution technologique s'est inévitablement répercutée sur les fondements juridiques mobilisables pour protéger le jeu vidéo en tant que création intellectuelle. En France, ceci se traduisit par un contentieux opposant la société américaine *Williams Electronics INC* à la société française *Jeutel*, portant sur la protection à accorder au jeu électronique audiovisuel *Defender*. Témoignant de l'importance de la question soulevée, la Cour de cassation française, réunie en Assemblée plénière, rendit un arrêt le 7 mars 1986 (pourvoi n° 85-91.465 ; *Bull. ass. plén.*, n° 4, p. 6), dans lequel elle censura la cour d'appel au motif qu'elle aurait dû « rechercher si le logiciel intégré dans le jeu électronique "DEFENDER" n'était pas dans sa conception une œuvre originale ». La date de cet arrêt n'est pas anodine puisque c'est le même jour que la même juridiction affirma le principe de la protection du logiciel par le droit d'auteur en raison de l'apport intellectuel qu'il implique (Cass. ass. plén., 7 mars 1986, pourvoi n° 83-10.477 ; *Bull. ass. plén.*, n° 3, p. 5). En cela, la décision constitua un tournant dans la protection du jeu vidéo. Désormais extirpé du domaine des brevets, il est depuis considéré comme relevant des œuvres de l'esprit à part entière, à ce stade en tant que logiciel.

Cette qualification de logiciel a longtemps été parfaitement adaptée. En effet, la grande majorité des jeux alors commercialisés consistait exclusivement en des lignes de code, ce qui s'étendait même aux bruitages et aux musiques dont on percevait, à leur écoute, le caractère informatique.

Cette solution a ensuite été réitérée par les juges à maintes reprises, y compris dans un arrêt de la chambre criminelle de la Cour de cassation rendu le 21 juin 2000 (pourvoi n° 99-85.154, inédit). L'espèce portait sur la commercialisation de cartes de borne d'arcade contrefaisantes du jeu vidéo de *versus fighting Mortal Kombat.* Si l'affaire a été portée jusque devant la Cour de cassation, c'est parce que ce jeu présentait des spécificités qui auraient pu remettre en cause la qualification jusqu'alors retenue du jeu vidéo en logiciel. En effet, et comme le souligne la Haute juridiction, *Mortal Kombat* se distingue par sa violence omniprésente, qui avait été largement vantée dans sa campagne publicitaire, le recours à des acteurs réels dont les mouvements ont été capturés puis numérisés, et par sa mise en scène particulière, notamment par l'exécution du protagoniste vaincu par un coup fatal, ou *Fatality.* De ces constatations, les juges en déduisirent le caractère original du jeu, mais pourtant en tant que logiciel.

Cet arrêt fut favorablement accueilli par une partie des commentateurs qui ont relevé, à juste titre, que si le jeu vidéo existe et s'anime en tant que tel devant les yeux de ses utilisateurs, c'est bien grâce au logiciel qui permet d'en synchroniser toutes les composantes. Or, la solution laisse dubitative à certains égards. En effet, tout au long de leur démonstration, les juges n'ont eu de cesse de démontrer les traits originaux du jeu vidéo *Mortal Kombat,* par référence à des composantes qui relèvent plus de la propriété littéraire et artistique que du logiciel. C'est pourquoi le syllogisme mené, aboutissant à une qualification de logiciel, a pu surprendre, le caractère inédit de l'arrêt, non-publié au bulletin, corroborant par ailleurs ce malaise intellectuel.

Même si l'arrêt *Mortal Kombat* n'a pas été le revirement jurisprudentiel escompté qui aurait fait basculer le jeu vidéo dans un domaine juridique correspondant mieux à sa dimension créative et artistique, c'est en 2009, dans un arrêt rendu le 25 juin par la première chambre civile de la Cour de cassation (pourvoi n° 07-20.387 ; *Bull. civ.* I, 140) dit *Cryo*, du nom du studio éponyme, que les juges adoptèrent une nouvelle approche du medium, ce en deux temps.

En premier lieu, ils procédèrent à une requalification du jeu vidéo. Ils affirmèrent ainsi qu'un « jeu vidéo est une œuvre complexe qui ne saurait être réduite à sa seule dimension logicielle, quelle que soit l'importance de celle-ci [...] ». La composante logicielle n'est donc pas écartée de l'analyse d'un jeu vidéo puisqu'elle lui est centrale. Pour autant, elle n'en constitue plus la qualification unitaire retenue, les juges reconnaissant également l'importance des composantes graphiques, musicales, sonores ou encore scénaristiques. De création logicielle, le jeu vidéo est désormais une œuvre complexe de par la multitude de ses éléments constitutifs.

Mais, une fois cette qualification juridique déterminée, il convenait, en second lieu, d'en déduire le régime applicable. C'est sur ce point que l'arrêt montre ses limites puisqu'il y est affirmé que « chacune de ses composantes [du jeu vidéo] est soumise au régime qui lui est applicable en fonction de sa nature ». On comprend que, selon une logique distributive, chaque composante du jeu vidéo suit les règles qui lui sont propres : le moteur de jeu est soumis au régime du logiciel, les composantes scénaristiques ou musicales au droit commun du droit d'auteur, etc. Or, il demeure une question qui est celle du régime juridique applicable au jeu vidéo lorsque celui-ci est appréhendé non pas par composante mais dans sa globalité : faut-il appliquer le régime de droit commun du droit d'auteur ou celui dérogatoire du logiciel ? La question est d'autant plus importante que les règles applicables sont parfois contradictoires. Ainsi, à titre d'illustration, lorsqu'un salarié conçoit un logiciel à l'occasion de l'exercice de son activité professionnelle, les droits patrimoniaux sont automatiquement dévolus à l'employeur, en vertu de l'article L. 113-9, alinéa 1er, du Code de la propriété intellectuelle, par dérogation aux règles applicables en droit commun du droit d'auteur. La question de la qualification du jeu vidéo restait donc entière s'il devait être appréhendé non pas composante par composante, mais dans son ensemble.

La réponse n'est alors pas venue du droit national mais du droit européen. Saisie d'un contentieux opposant la société japonaise *Nintendo* à une entreprise italienne, *PC Box*, qui commercialisait des consoles *Nintendo Wii* modifiées en en contournant les mesures techniques de protection, la Cour de justice de l'Union européenne – CJUE – dût trancher la question de la qualification du jeu vidéo pour déterminer quelle branche du droit de la propriété intellectuelle mobiliser : celle du droit du logiciel ou celle du droit commun du droit d'auteur. Dans leur arrêt du 23 janvier 2014 (4e ch., aff. C-355/12, *Nintendo Co. Ltd, Nintendo of America inc., Nintendo of Europe GmbH* c./ *PC Box Srl, 9Net Srl*), les juges raisonnèrent en deux temps.

Tout d'abord, ils retinrent une analyse similaire à celle de la Cour de cassation française en reconnaissant le caractère complexe du jeu vidéo « comprenant non seulement un programme d'ordinateur, mais également des éléments graphiques et sonores qui, bien qu'encodés dans le langage informatique, ont une valeur créatrice propre qui ne saurait être réduite audit encodage ».

Puis, comme pour pallier les lacunes de la décision nationale, ils s'interrogèrent sur la nature juridique du jeu vidéo pris dans sa globalité. Ils affirmèrent d'abord que les éléments graphiques et sonores participent de l'originalité du jeu vidéo sur le fondement de la directive 2001/29, siège du droit commun du droit d'auteur en droit européen, pour ensuite y soumettre le jeu vidéo en tant qu'« œuvre entière ».

Il résulte de l'ensemble de cette évolution jurisprudentielle qu'en droit positif, le jeu vidéo n'est plus unitairement qualifié de logiciel. Il doit être perçu comme une œuvre complexe dont chacune des composantes est soumise au régime qui lui est propre. Pour autant, chaque fois qu'il s'agit de qualifier le jeu vidéo dans sa globalité, c'est le droit commun du droit d'auteur qui a vocation à s'appliquer.

Chapitre 2

Qui est titulaire des droits d'auteur sur un jeu vidéo ?

Lorsqu'il s'agit de déterminer l'identité de la personne titulaire des droits d'auteur sur une œuvre de l'esprit, le Code de la propriété intellectuelle pose en principe que « la qualité d'auteur appartient, sauf preuve contraire, à celui ou à ceux sous le nom de qui l'œuvre est divulguée ». Cette présomption simple de paternité, prévue à l'article L. 113-1 du code précité, trouve opportunément à s'appliquer chaque fois que l'œuvre peut être créée par un auteur unique. Tel est notamment le cas des œuvres littéraires ou encore des œuvres photographiques. Or, cette règle sied moins aux œuvres composites qui appellent la participation d'une multitude de contributeurs en raison de leurs compétences propres. Si les œuvres audiovisuelles viennent immédiatement à l'esprit, le jeu vidéo n'y déroge pas.

Il est en effet loin le temps lors duquel une seule personne pouvait concevoir un jeu vidéo. Même s'il en existe encore de rares exceptions, comme l'application *Flappy Bird* conçue par le développeur indépendant vietnamien Nguyễn Hà Đông en

2013, le jeu vidéo nécessite aujourd'hui le travail de plusieurs mains selon la composante sur laquelle elles interviennent : logicielle, scénaristique, graphique, musicale, etc. Ce phénomène n'est pas récent puisque, déjà en 1983, Jordan Mechner s'était entouré d'une équipe, certes réduite, pour développer le célèbre jeu de plateformes *Prince of Persia*, notamment afin de rendre plus réalistes les mouvements du héros incarné par le joueur. On comprend donc que, la technicité des jeux vidéo grandissant, ils appellent l'intervention d'équipes de plus en plus larges et aux compétences toujours plus pointues, parfois réunies au sein d'un ou plusieurs studios.

Cette complexification du processus créatif a inévitablement des conséquences à l'égard de la titularité des droits sur les productions vidéoludiques en résultant, les œuvres dites à plusieurs mains amenant à l'application de règles de droit particulières pour y répondre. C'est alors à deux facteurs de complication que l'on se retrouve confronté : la nature de la relation juridique unissant les différents contributeurs, d'une part ; la nature de la relation créative entre ces mêmes contributeurs, d'autre part.

Analyser la nature de la relation juridique entre les contributeurs, dans un premier temps, revient à procéder à une distinction présente dans le Code de la propriété intellectuelle pour déterminer l'identité de l'ayant droit sur certaines créations, en l'occurrence si le créateur est ou non lié par un contrat de travail.

Le constat de l'existence d'un tel contrat est particulièrement important quant aux composantes logicielles du jeu vidéo puisque, par dérogation au droit commun du droit d'auteur, l'article L. 113-9, alinéa 1er, du code précité prévoit que les droits patrimoniaux appartiennent à l'employeur chaque fois que le logiciel a été créé à l'occasion des fonctions du salarié ou selon les instructions de l'employeur. Cette règle a vocation à s'appliquer à certaines composantes comme le moteur du jeu ou son logiciel d'intelligence artificielle. À l'inverse, chaque fois que la composante du jeu est soumise au droit commun du droit d'auteur, son créateur est investi des droits moraux et patrimoniaux la concernant. Cette affirmation appelle cependant deux nuances.

En premier lieu, pour que cette dernière règle de droit commun du droit d'auteur s'applique, encore faut-il que la composante concernée soit considérée comme une œuvre de l'esprit, c'est-à-dire comme constituant un travail artistique conscient empreint de la personnalité de son auteur. Certaines ne soulèvent guère de questionnements tant cette nature paraît évidente comme, par exemple, le scénario, les graphismes ou les compositions musicales. À l'opposé, une analyse casuistique devra être menée en ce qui concerne le chef de projet dont la mission est de coordonner les activités de l'équipe, le *sound designer* lorsqu'il est en charge de la mise en œuvre des bruitages ou le *game designer* qui s'assure de la bonne interactivité du jeu. Si leur qualité d'auteur ne doit pas être systématiquement exclue, il leur incombera, selon les situations, de démontrer en quoi leurs contributions respectives répondent aux critères de l'œuvre de l'esprit.

En second lieu, la règle selon laquelle le salarié reste titulaire des droits d'auteur sur ses créations est supplétive de volontés. C'est la raison pour laquelle les contrats de travail contiennent de façon quasiment systématique une clause de cession de droits d'auteur en faveur de l'employeur, mais dont la validité est conditionnée. Non seulement le salarié ne peut pas être contraint de céder les droits sur l'ensemble de ses œuvres futures, par application de l'article L. 131-1 du Code de la propriété intellectuelle. Mais, de plus, si une clause de cession est stipulée, elle ne peut porter que sur les droits patrimoniaux, puisque les droits moraux sont incessibles selon l'article L. 121-1, alinéa 3, du même code.

La nature de la relation artistique entre les différents contributeurs a également une influence sur la dévolution des droits sur l'œuvre ainsi créée. En effet, le Code de la propriété intellectuelle procède à une distinction selon que l'œuvre a été créée ou non au sein d'une structure hiérarchisée.

Ainsi, toutes les fois que les contributeurs ont chacun fourni un apport créatif effectif dans une communauté d'inspiration et en concertation, la création est qualifiée d'œuvre de collaboration, qui est « la propriété commune des coauteurs » (C. propr. intel., art. L. 113-3). Chacun est donc considéré comme auteur, quelle que soit l'importance de sa contribution, pourvu que celle-ci soit effective. Le régime se rapproche alors de celui d'une indivision en droit civil : les coauteurs exercent leurs droits d'un commun accord. Cependant, ils peuvent exploiter librement leurs contributions personnelles lorsqu'elles sont clairement individualisables et que cela ne nuit pas à l'exploitation de l'œuvre dans sa globalité. Cette dernière hypothèse est d'ailleurs une pratique très répandue de nos jours puisqu'elle se manifeste chaque fois qu'un concert des musiques d'un jeu vidéo, d'un film ou d'un film d'animation est organisé.

Dans le sens inverse, si le processus créatif revêt un schéma hiérarchisé, avec un promoteur qui dirige le projet et des contributeurs dont la mission est de donner vie à la vision de ce dernier, la création est alors qualifiée d'œuvre collective. L'article L. 113-5 du Code de la propriété intellectuelle prévoit, dans cette hypothèse, que l'auteur est celui sous le nom duquel l'œuvre est divulguée, rappelant ainsi la règle applicable à l'auteur unique. En pratique, la personne considérée comme auteur est bien souvent le promoteur, qui a porté le projet, ce qui, d'un point de vue créatif, tombe sous le sens puisque les apports des différents contributeurs se fondent au sein de l'œuvre dans son ensemble, telle qu'elle a été imaginée par celui-ci.

Afin de qualifier la création vidéoludique d'œuvre de collaboration ou d'œuvre collective, les relations contractuelles établies entre les différents contributeurs constituent de précieux indices. Ainsi, la conclusion d'un contrat de travail peut faire pencher la balance en faveur de la qualification d'œuvre collective. Dans le sens inverse, si un studio a recours aux services de contributeurs indépendants, on peut y voir les signes d'une œuvre de collaboration. Cependant, le raisonnement mené ne doit pas l'être de façon aussi manichéenne, comme les juges du fond ont eu l'occasion de le rappeler. En effet, dans un arrêt de la Cour d'appel de Paris du 2 avril 2004 (CA Paris, 4e ch., section B, 2 avr. 2004, n° 2002/05541), les juges eurent à répondre de la demande du chef de projet et de la *game designeuse*, revendiquant la qualification d'œuvre de collaboration du jeu *Versailles, Complot à la Cour du Roi Soleil*. Ces derniers obtinrent gain de cause, les juges relevant que l'employeur « laissait une paix royale » au chef de projet, et que la *game designeuse* prenait elle-même les initiatives sans recevoir la moindre directive. L'arrêt est d'autant plus intéressant qu'il indique expressément que le chef de projet était lié par un contrat de travail au studio en charge du développement du jeu, ce qui n'a pas pour autant constitué un obstacle à la qualification d'œuvre de collaboration.

La détermination des titulaires des droits d'auteur sur un jeu vidéo appelle donc à la prise en considération d'un grand nombre de variables qui, d'une situation à une autre, peuvent aboutir à des solutions très différentes alors même qu'à première vue, elles semblent présenter de nombreux points communs. Le droit positif identifie ainsi deux catégories d'indicateurs. La première catégorie consiste en des critères juridiques rigoureux, selon la nature de la composante du jeu vidéo concerné, ou les relations contractuelles entretenues par les différents contributeurs. La seconde catégorie réunit quant à elle des facteurs relationnels dans la création artistique, qui imposent d'adopter une analyse casuistique pour assurer une juste attribution des droits.

Chapitre 3

L'influence des origines créatives du jeu vidéo sur le droit d'auteur

Au premier facteur de complexité lié à la multitude des contributeurs intervenant dans le processus de création d'un jeu vidéo s'en ajoute un second chaque fois que le projet ne porte pas sur une nouvelle licence exclusive au secteur vidéoludique. En effet, le jeu en cours de conception peut être la suite d'une création préexistante, ou une nouvelle itération d'un jeu déjà sorti, ce que l'on qualifie de *remastered* ou de *remake*, ou l'adaptation vidéoludique d'une œuvre littéraire, cinématographique ou d'animation. Chacune de ces hypothèses présente un point commun : le jeu vidéo n'est pas créé *ex nihilo*, mais s'appuie sur une œuvre de l'esprit préalable, par conséquent protégée par le droit d'auteur. En ccla, un régime spécifique doit s'appliquer pour respecter les origines créatives du jeu ainsi créé.

En droit de la propriété littéraire et artistique, ces œuvres, qui reprennent des éléments de créations préexistantes, sont qualifiées d'œuvres composites selon l'article L. 113-4 du Code de la propriété intellectuelle. Également dénommées œuvres dérivées ou œuvres de seconde main, elles sont « la propriété de l'auteur qui [les] a réalisée[s], sous réserve des droits de l'auteur de l'œuvre préexistante ». Il convient donc de procéder à une distinction. Puisque l'œuvre dérivée se distingue de celle initiale, son créateur est seul investi des droits d'auteur. Cependant, puisque l'œuvre dérivée s'appuie sur une œuvre initiale, il convient que les prérogatives de l'ayant droit de cette dernière soient respectées, qu'il s'agisse aussi bien de ses droits patrimoniaux que de ses droits moraux. C'est pourquoi, au titre de ses droits moraux, son autorisation préalable sera requise pour pouvoir utiliser des éléments relevant de sa création. De la même façon, au titre de ses droits de paternité et d'intégrité de son œuvre, celle-ci ne devra pas être dénaturée par l'œuvre dérivée, sur laquelle son nom devra également figurer. Ensuite, en vertu de ses droits patrimoniaux, une juste rétribution devra lui être versée, mais dont le montant sera fixé librement : forfait, pourcentage lié à l'exploitation de l'œuvre dérivée, etc.

Ce schéma de l'œuvre dérivée est récurrent dans l'industrie cinématographique et, plus largement, audiovisuelle puisqu'elle se rencontre chaque fois que l'œuvre audiovisuelle consiste en l'adaptation d'une création préexistante, à l'instar de la série littéraire *Harry Potter* qui a été portée sur le grand écran à partir de 2001. Cette situation se retrouve à l'identique dans le secteur vidéoludique lorsqu'une œuvre cinématographique est adaptée en jeu vidéo, ce que la précédente saga illustre de la même façon sur différentes terminaux.

Ce même régime s'applique également quand la suite d'une œuvre première est confiée à un studio tiers, ce qui suppose l'octroi à ce dernier des licences adéquates, mais aussi chaque fois qu'une nouvelle création emprunte des personnages de différentes œuvres préexistantes. Appelée *crossover*, la nouvelle œuvre fait se rencontrer des protagonistes de séries différentes, telle la série policière *Les Experts* qui a déjà fait se rejoindre les équipes de Las Vegas, New-York et Miami. Ces types de créations se retrouvent également dans le jeu vidéo. C'est ainsi que le jeu vidéo *Jump Force* réunit plusieurs personnages iconiques de l'animation japonaise, son affiche officielle révélant le ninja Naruto, le pirate Luffy et le super saiyan Son Goku. Si l'ayant droit des différentes créations utilisées est une seule et même personne, aucune autorisation préalable n'est requise puisqu'il ne fait qu'exploiter ses propres réalisations. Or, tel n'est pas toujours le cas, le charme des *crossover* résidant justement dans la croisée des chemins de personnages relevant d'univers différents. Dans ce dernier cas, un respect scrupuleux du régime des œuvres dérivées s'impose donc.

Enfin, et comme pour les créations audiovisuelles, si des compositions musicales sont intégrées à un jeu vidéo, l'accord de l'ayant droit est requis. Ceci apparaît de façon très marquée pour les créations vidéoludiques parce que certaines d'entre elles, comme *Just Dance* et *Dance Central*, consistent en des simulations de danse dans lesquelles le joueur doit reproduire la chorégraphie diffusée devant lui sur le son du titre choisi. Or, lorsqu'une musique est utilisée avec sa chorégraphie correspondante dans un tel jeu, c'est que l'accord des différents ayants droit a été obtenu au préalable. C'est d'ailleurs pour cette même raison que certaines chorégraphies représentées ne correspondent pas à celles officielles. C'est que le développeur du jeu n'est pas parvenu à obtenir l'accord de leur auteur pour leur reproduction dans le jeu concerné.

Le développement de l'internet participatif, ou *web* 2.0, a contribué à populariser un nouveau genre d'œuvres dérivées. Trouvant leurs origines dans les suites de romans à succès rédigées par des fans, ce que l'on appelle également fan fictions, de nombreux internautes ont d'abord publié sur les plateformes de partage de vidéos des contenus dans lesquels ils reproduisent des scènes iconiques de films et séries à succès : *Star Wars*, *Star Trek*, *Harry Potter*, *Dragon Ball*, etc. Ce phénomène n'a pas manqué de s'étendre au jeu vidéo, des programmeurs diffusant sur l'internet des versions dématérialisées de suites de jeux qu'ils avaient eux-mêmes réalisées, les plus célèbres étant *Pokémon Uranium*, s'appuyant sur la licence *Pokémon*, et *AM2R* (*Another Metroid 2 Remake*) consistant en une version modernisée du jeu *Metroid II : Return of Samus*, sorti en 1991 sur la console portable monochrome *Nintendo Game Boy*. Face au développement de ces *fan games*, plusieurs types de réactions ont pu être constatés.

Le premier, strictement juridique, revient à rappeler qu'un *fan game*, puisqu'il s'appuie sur une œuvre préexistante, est une œuvre dérivée dont le régime doit être respecté, notamment avoir obtenu l'accord préalable de l'ayant droit de l'œuvre initiale. Or, tel est rarement le cas. Ainsi, qu'il s'agisse de *Pokémon Uranium* et de *AM2R*, les développeurs ont chacun reçu des demandes de retrait de leurs créations pour violation des droits appartenant à la société japonaise *Nintendo*.

Le deuxième, plus pragmatique, est de laisser ces productions de fans circuler librement, ce que l'on constate de façon régulière pour les productions sur les plateformes de partage de vidéo. En effet, même si les ayants droit auraient pu invoquer leurs prérogatives pour faire interdire ces productions amateures, ils préfèrent leur laisser libre cours en les prenant pour ce qu'elles sont, des productions amateures. En plus de préserver la bonne image de l'ayant droit, d'autant plus importante à l'heure des réseaux sociaux, ces productions de fans peuvent avoir le bienfait de faire connaître les jeux à un nouveau public.

Le troisième consiste en une voie médiane, qui présente le mérite de la clarté. Celle-ci a été mise en œuvre par les studios de production *CBS* et *Paramount* pour encadrer la profusion de fan films portant sur la franchise *Star Trek*. Alors que les studios laissaient librement les fans publier des contenus sur les plateformes de partage de vidéos, l'une d'entre elles, *Star Trek Axanar*, a attiré l'attention de par son professionnalisme. Outre la réutilisation des signes distinctifs de la série, dont le logo de la flotte spatiale *Starfleet*, et l'apparition d'anciens acteurs de la série officielle, *Star Trek Axanar* se distinguait par son important budget, à un point tel qu'il rivalisait avec les productions officielles. Ce fan film s'éloignait donc du simple hommage pour devenir un réel concurrent contrefaisant. C'est pourquoi *CBS* et *Paramount* ont publié des *guidelines*, sorte de cahier des charges que les productions de fans doivent respecter, à défaut de quoi les studios se réservent le droit de se prévaloir de leurs droits d'auteur sur leurs créations (*guidelines* consultables au lien suivant : https://www.startrek.com/en-un/fan-films). C'est ainsi que la durée et le budget par épisode ou film sont désormais limités, que l'utilisation de signes distinctifs de la série est prohibée, tout comme le recours aux services d'anciens acteurs apparus dans l'une des séries officielles. À la lecture de ces *guidelines*, on comprend le difficile équilibre que les studios ont essayé de trouver, entre protection de leur licence et préservation de leur communauté de fans.

Chapitre 4

Les mesures techniques de protection

Comme nous avons pu le constater lors des développements précédents, le droit de la propriété intellectuelle est central dans le secteur du jeu vidéo. Il s'agit non seulement de déterminer qui est titulaire des droits sur les créations vidéoludiques diffusées, mais aussi d'en garantir la protection. Sur ce dernier point, la seule protection juridique mise en place par le droit positif n'est pas satisfaisante en ce qu'elle ne pourra être utilisée qu'après la réalisation d'actes de contrefaçon et dans de longs délais liés au fonctionnement de la justice. C'est pourquoi les fabricants de terminaux et éditeurs de supports de jeux ont également opté pour une protection *a priori* par la mise en place de mesures techniques de protection, ou MTP, connues également dans l'industrie sous la dénomination de DRM pour *Digital Rights Management.*

La croissance des actes de contrefaçon de jeux vidéo a d'abord été liée à l'utilisation de supports non-propriétaires, comme des disquettes ou des disques optiques de type CD-ROM. C'est pourquoi les copies illicites étaient particulièrement répandues dans le secteur de la micro-informatique.

Le marché des consoles de jeux était bien moins affecté dans un premier temps dans la mesure où les fabricants utilisaient des supports propriétaires, autrement dit des cartouches propres à chaque terminal que le grand public ne pouvait se procurer au format vierge pour réaliser des copies. En dépit de l'existence de cet obstacle matériel, les terminaux étaient tout de même équipés d'un dispositif logiciel anti-copie destiné à s'assurer de la licéité du support sur lequel le jeu était stocké. En effet, les constructeurs avaient constaté que l'utilisation de supports propriétaires pouvait être détournée par des contrefacteurs, ce qui a donné lieu à différents types de contentieux selon la méthode utilisée.

Le premier type de contentieux opposa la société états-unienne *Atari* au fabricant japonais *Nintendo*. Afin de conserver un contrôle sur la qualité des jeux commercialisés sur ses consoles *Famicom* pour le Japon, et *Nintendo Entertainement System* pour les États-Unis et l'Europe, *Nintendo* avait équipé sa console d'une puce dénommée *10NES*. Le programme embarqué avait alors pour fonction de vérifier que la cartouche insérée dans le terminal était officielle, c'est-à-dire qu'elle était elle-même bien équipée du code informatique permettant de certifier de son authenticité auprès de la puce *10NES*. Bien évidemment, *Nintendo* ne communiquait les codes informatiques de vérification à insérer dans les cartouches qu'aux seuls éditeurs dont les jeux avaient reçus l'agrément du fabricant, ce qui se matérialisait par l'apposition d'un sceau doré sur le packaging des jeux, appelé le *Nintendo Seal of Quality*. Or, la société *Atari* entendait faire fi de ces restrictions imposées par *Nintendo* afin de commercialiser librement des jeux sur la

Nintendo Entertainement System, ce qu'elle ne manqua pas de faire sous le nom du développeur *Tengen*. Pour ce faire, *Atari* utilisa la technique de l'ingénierie inversée pour comprendre le fonctionnement de la puce *10NES* et répliquer ainsi des clés de sécurité.

C'est pourquoi *Nintendo* porta l'affaire devant *la United States Court of Appeals for the Federal Circuit*, qui trancha le différend dans une décision du 10 septembre 1992 (*Atari Games Corp. c. Nintendo of America, Inc.*, 975 F.2d 832 (Fed. Cir. 1992) (Atari I)). Pour faire droit à la demande du fabricant japonais, le fondement du droit d'auteur fut d'abord écarté puisque le code permettant aux cartouches de communiquer avec la puce *10NES* n'était en rien comparable à une création artistique consciente empreinte de la personnalité de son auteur. C'est à l'inverse sur le fondement des brevets que *Nintendo* obtint gain de cause. En effet, le fabricant avait bien déposé un brevet, numéroté '635, correspondant au dispositif de protection mis en place dans ses consoles et cartouches. Or, même si la société *Atari* n'avait pas reproduit ce brevet à l'identique puisque son dispositif de contournement ne portait que sur les seules cartouches, c'est justement parce qu'il revenait à contourner la protection mise en place par *Nintendo*, en produisant les mêmes effets que le brevet '635, que la défenderesse a été condamnée pour contrefaçon de brevet par équivalence. Si l'affaire ne laissait que peu de place au doute sur son issue, son intérêt principal fut la détermination du fondement juridique mobilisable, marquant par la même occasion des délimitations de plus en plus nettes entre le droit d'auteur et le droit des brevets dans le secteur du jeu vidéo.

Un second type de contentieux a également été porté devant les tribunaux. Ces derniers présentent une physionomie légèrement différente en ce que, plutôt que d'utiliser des cartouches au format propriétaire mais modifiées pour les faire accepter par le dispositif de sécurité de la console, les défendeurs utilisaient un outil, appelé *linker*, qui permettait de lire sur le terminal des jeux contrefaisants stockés, soit de façon dématérialisée, soit sur des supports non-propriétaires comme des disquettes ou des disques optiques.

Aux États-Unis, le fabricant *Atari* a été très tôt confronté à ce type d'interfaces. En effet, un dispositif, répondant au nom de *Prom blaster*, rendait possible la duplication des cartouches de jeu destinées à la console *Atari 2600*. Dans une décision du 6 décembre 1983, l'*U.S. District Court for the Northern District of Illinois* prit une injonction de cessation de commercialisation de ce produit. En effet, selon les juges, même si la réalisation de copies de programmes d'ordinateur était autorisée, ce n'était que dans une fin de sauvegarde en prévision de dysfonctionnements mécaniques ou électriques. Or, le *Prom Blaster* dépassait largement cette seule fin, favorisant la circulation de copies contrefaisantes (*U.S. District Court for the Northern District of Illinois* – 597 F. Supp. 5 (N.D. Ill. 1983) *December* 6, 1983, *Atari, Inc. v. JS & a GROUP, INC.*).

Un différend similaire fut tranché plusieurs années plus tard par les tribunaux français à la demande de la société *Nintendo*, concernant un outil permettant de contourner les dispositifs de protection de sa console portable *DS* pour y lire des jeux contrefaisants. Dans son arrêt rendu le 26 septembre 2011, la Cour d'appel de Paris a condamné les défendeurs ayant commercialisé ces *linkers* (CA Paris, Pôle 5, ch. 12, 26 sept. 2011, n° 0824995002). Si, comme pour le *Prom Blaster*, il avait été relevé que ces interfaces permettaient de jouer à des jeux contrefaisants, l'arrêt français apporta un élément supplémentaire en ce que les juges relevèrent que les *linkers* avaient pour fonction de contourner des mesures techniques de protection, pratique interdite par l'article L. 335-3-1, II, du Code de la propriété intellectuelle. Il s'ensuit que, si les *linkers* sont prohibés, c'est non seulement en raison de l'une de leurs finalités potentielles (l'utilisation de jeux contrefaisants), mais aussi du fait du fonctionnement de certains d'entre eux (le contournement de mesures techniques de protection).

À s'en tenir à ces seules illustrations jurisprudentielles, on pourrait penser que ces discussions n'ont concerné que les terminaux qui utilisaient des supports propriétaires. Rien n'est moins vrai puisque la commercialisation de dispositifs de jeux utilisant des supports non-propriétaires, principalement les consoles à disque optique, ont contraint les fabricants à redoubler d'imagination pour limiter l'utilisation de copies illicites sur leurs terminaux. C'est dans ce contexte que la Cour de justice de l'Union européenne fut saisie d'un contentieux opposant le fabricant *Nintendo* à la société italienne *PC Box*, qui commercialisait des versions modifiées de la console *Wii*, désormais dotée de fonctions multimédias, mais aussi devenue capable de lire des copies illicites des jeux de sa ludothèque. Si l'arrêt rendu est marquant (CJUE, 4e ch., 23 janv. 2014, aff. C-355/12, *Nintendo Co. Ltd, Nintendo of America inc., Nintendo of Europe GmbH* c./ *PC Box Srl, 9Net Srl*), c'est d'une part parce qu'il est venu trancher la question du fondement de la protection du jeu vidéo, pris dans son unité, par le droit d'auteur, ce que nous avons évoqué précédemment (v. *supra*, chapitre 1). Mais, d'autre part, c'est parce que les juges ont eu à s'interroger sur la légalité des mesures techniques de protection, ce à quoi ils ont répondu en deux temps.

En premier lieu, les juges européens se demandèrent si les mesures techniques de protection (MTP) mises en place par *Nintendo* étaient conformes au droit positif. À ce titre, la directive 2001/29 du 22 mai 2001 prévoit dans son article 6 que ces mesures sont efficaces lorsqu'elles permettent le contrôle de l'utilisation d'une œuvre protégée. De là, deux interprétations sont possibles : les MTP autorisées en droit européen ne doivent-elles porter que sur l'œuvre en question, ou peuvent-elles consister en des dispositifs plus larges ? Ce point était d'autant plus important que, comme pour la puce *10NES* évoquée plus haut, la console *Wii* procédait aux vérifications de sécurité en s'assurant de la concordance entre les informations figurant sur le disque optique du jeu et une puce de sécurité dans le terminal de jeu. Les juges tranchèrent en optant pour une lecture conforme à la raison d'être de la directive précitée, c'est-à-dire assurer un haut niveau de protection des ayants droit. C'est pourquoi ils ont considéré que le dispositif de sécurité mis en place par le fabricant était conforme au droit applicable, ce dont on déduit que des MTP couplant des technologies *software* et *hardware* sont licites.

Une fois la légalité technique de ces MTP admise, il convenait en second lieu de s'assurer qu'elles répondaient aux différentes conditions imposées par l'article 6 de la directive 2001/29, dont l'objectif est de veiller à la proportionnalité de la protection ainsi mise en place. Parmi celles-ci, ces mesures ne doivent pas empêcher les utilisateurs de jouir de leurs prérogatives dérogeant à la protection assurée par le droit d'auteur. En outre, les États membres doivent veiller à ce que des dispositifs, dont la finalité principale est le contournement de MTP, ne soient pas commercialisés sur leur territoire. C'est sur ce dernier aspect que la société *PC Box* espérait obtenir gain de cause, leur matériel permettant de libérer tout le potentiel technique de la console *Wii*, notamment la lecture de fichiers audio et vidéo que son fabricant avait bridé. Or, c'était omettre que, pour ouvrir l'accès à ces fonctionnalités, il fallait détourner les MTP du terminal, ce qui ouvrait dès lors à l'utilisation de copies contrefaisantes de jeux. L'exigence de la proportionnalité des MTP ayant été réaffirmée par la CJUE, l'affaire fut renvoyée devant le *Tribunale di Milano* qui dut apprécier son respect dans le cas des MTP de la console *Wii*. La décision, rendue le 6 novembre 2015 (*Tribunale di Milano*, 6 nov. 2015, aff. 11739/2009, *Nintendo Co. Ltd., Nintendo of America Inc., Nintendo of Europe GmbH c/ PC Box s.r.l. et 9Net s.r.l.*) fut favorable à l'ayant droit. Certes, le dispositif de *PC Box* permettait d'accéder à des fonctionnalités qui n'étaient pas accessibles *ab initio* avec un matériel sorti de l'usine du fabricant, ce qui ne constituait pas, en soi, une violation des droits de ce dernier. Pour autant, il permettait de faire fonctionner des jeux contrefaisants, ce qui était même expressément vanté dans les publicités diffusées par *PC Box*. C'est pourquoi les juges italiens firent droit à la société japonaise, estimant que les MTP implémentées dans leur console étaient proportionnées, car destinées à protéger leurs prérogatives issues du droit d'auteur.

Chapitre 5

L'émulation est-elle légale ?

Face à l'efficacité des mesures techniques de protection des fabricants et à l'illicéité des dispositifs permettant de les contourner pour jouer à des copies contrefaisantes sur les terminaux d'origine, de nombreux joueurs se sont tournés vers l'émulation.

L'émulation est un procédé logiciel qui permet de simuler le comportement d'un système informatique sur un autre système informatique. Largement répandue dans le secteur du jeu vidéo, l'émulation est principalement connue du grand public pour permettre de jouer à des jeux plus ou moins récents sur des ordinateurs. Certains sites internet se sont d'ailleurs spécialisés dans la diffusion d'émulateurs et de copies de jeux au format dématérialisé et librement téléchargeables, dénommés ROMs (*Read Only Memory*) pour des jeux stockés à l'origine sur support cartouche, et ISOs (issu de la norme ISO 9660 de l'Organisation Internationale de Normalisation) lorsque le support est un disque optique.

De nombreuses informations, souvent erronées, circulent sur les forums de discussion quant à la prétendue licéité ou illicéité des émulateurs et des ROMs et ISOs disponibles en téléchargement. Or, la réalité juridique est bien plus nuancée. Afin de démêler le vrai du faux, il convient de distinguer selon que l'on s'interroge d'abord sur les copies dématérialisées des jeux, puis sur les émulateurs.

Les ROMs et ISOs sont vraisemblablement les cas pour lesquels l'analyse juridique est la moins complexe. Les jeux vidéo étant protégés par le droit d'auteur, le principe est celui de leur utilisation par leurs seuls ayants droit ou par les bénéficiaires d'une licence d'utilisation. Il en résulte que le titulaire des droits d'auteur peut légitimement faire le choix de diffuser ses jeux vidéo au format dématérialisé sous forme de ROMs ou ISOs, ou procéder à une nouvelle commercialisation par téléchargement ou *streaming* d'anciens jeux sortis à l'origine sur support physique. Cette dernière hypothèse se rencontre désormais dans les offres d'abonnement proposées par les sociétés *Nintendo*, *Sony* et *Microsoft*, qui permettent notamment de jouer à des créations publiées sur des consoles antérieures, mais sur un *hardware* contemporain et de façon totalement dématérialisée.

Les questionnements surviennent lorsque ce n'est pas l'ayant droit qui procède à la dématérialisation de ses propres titres, mais les joueurs eux-mêmes. Certes, ce phénomène était rare lorsque les terminaux de jeu utilisaient des cartouches propriétaires comme support physique, parce que leur dématérialisation supposait l'utilisation d'un outil spécifiquement dédié et dont la commercialisation était à l'époque confidentielle. Elle s'est à l'inverse popularisée depuis l'utilisation des supports non-propriétaires, la simple détention d'un ordinateur familial étant alors suffisante pour générer des images de disques officiels de jeu. Pour légitimer cette pratique, l'argument de l'exception de copie privée a souvent été brandi pour justifier une telle dérogation au droit d'auteur. Par application de l'article L. 122-5, 2°, du Code de la propriété intellectuelle, celui qui détient la licence d'utilisation d'une œuvre de l'esprit peut en réaliser une copie, depuis une source licite, et strictement réservée à son usage privé. Or, sa mise en œuvre est délicate lorsqu'il s'agit de ROMs ou d'ISOs. En effet, nombre de sites diffusant des versions dématérialisées de jeux vidéo prétendent que les internautes peuvent les télécharger librement à la condition que ces derniers détiennent au préalable un exemplaire du jeu en question. Pour autant, cette affirmation, qui prétend renvoyer à l'exception de copie privée, souffre deux critiques. La première est que la copie mise en téléchargement est souvent contrefaisante, son diffuseur n'ayant pas les droits suffisants pour assurer une telle distribution de l'œuvre concernée. La seconde est de ne pas respecter la condition de l'usage privé requise au titre de l'exception de copie privée puisque, justement, la ROM ou ISO est diffusée sur tout l'internet. Cette affirmation présente sur les sites de téléchargement est donc erronée. C'est ce qui explique le succès de nombreuses procédures d'ayants droit qui parviennent à obtenir la fermeture de tels sites, notamment sur le fondement de contrefaçons de droit d'auteur, mais aussi de contrefaçons de marques puisque ces sites vont même jusqu'à utiliser allègrement les signes distinctifs officiels et produits déposés des éditeurs et studios de développement (V. par exemple, pour les sites *LoveROMS.com* et *LoveRETRO.com*, *Nintendo of America v Mathias*, case N° 2:18-cv-02282 (D Ariz 2018). À propos du contentieux ayant opposé la société *Nintendo* au site *RomUniverse*, *Nintendo of America v.* Matthew Storman 2021, Case 2:19-cv-07818-CBM-RAO (CD Cal 2021)).

Ces situations écartées, il ne reste alors que la seule hypothèse dans laquelle le détenteur légitime d'un jeu en réalise une copie pour son usage personnel et conforme à la licence d'utilisation dont il bénéficie, c'est-à-dire pouvoir utiliser le jeu sur le terminal dédié. C'est alors ce dernier point qui pose problème. Si le terminal utilise des supports cartouches propriétaires, la copie ne pourra être utilisée sur ledit *hardware* qu'avec l'aide d'une interface de type *linker*, dont le régime juridique a été abordé précédemment (v. *supra*, chapitre 4). Si, à l'inverse, le terminal a recours à des supports non-propriétaires, encore faudra-t-il que les mesures techniques de protection du terminal aient été calibrées pour accepter l'utilisation d'une copie répondant aux conditions de l'exception de copie privée, conformément aux articles L. 331-6 et suivants du Code de la propriété intellectuelle. Or, en l'état, ces MTP ne semblent pas être paramétrées pour pouvoir réaliser ce type de distinction.

S'il résulte des précédents développements que la grande majorité des ROMs et ISOs en circulation sur l'internet est illicite, le raisonnement n'est pas transposable aux émulateurs. Les émulateurs sont des logiciels qui reproduisent le comportement d'un terminal informatique, en l'occurrence un ordinateur ou une console de jeu. Or, pour ce faire, il convient de parvenir à élaborer un programme qui parviendra à produire des effets identiques au système d'exploitation de la machine émulée. Deux méthodes sont alors envisageables.

La première méthode consiste à réaliser une extraction du système d'exploitation du terminal souhaité pour ensuite le modifier et le faire fonctionner sur un autre terminal informatique. Autant une telle démarche peut être réalisée légitimement par le titulaire des droits sur son propre système d'exploitation, au titre de ses prérogatives sur le logiciel qu'il a créé, autant elle est illicite lorsqu'elle est réalisée par un tiers sans l'autorisation de l'ayant droit, par application de l'article L. 122-6, 1° et 2°, du Code de la propriété intellectuelle qui protège respectivement les droits de reproduction et de modification du logiciel.

La seconde méthode consiste en la conception, de toutes pièces, d'un logiciel capable de se comporter comme le système d'exploitation du terminal à émuler, de sorte à ce qu'il puisse lire des versions dématérialisées des applications et jeux relevant de sa ludothèque. Ici, puisque l'émulateur ne reprend aucun élément du système d'exploitation original, il n'encourt pas la sanction de la contrefaçon. Mieux, comme il est le fruit d'une réflexion intellectuelle destinée à surpasser une contrainte technique, c'est-à-dire reproduire les opérations menées par un système d'exploitation sans en réutiliser les lignes de code, l'émulateur est lui-même éligible au régime spécial protecteur des logiciels.

Les contentieux sont rares en matière de licéité des émulateurs. Deux en sont pourtant emblématiques.

Le premier différend a opposé le fabricant *Sony* aux sociétés *Bleem* et *Connectix*. Ces dernières avaient mis au point un logiciel, le *Bleemcast*, qui permettait de faire fonctionner certains jeux de la console *Playstation* de *Sony* sur la console *Dreamcast* de *Sega*, parfois même avec des améliorations graphiques, au titre desquels l'on trouvait le jeu de *versus fighting Tekken 3* de l'éditeur et développeur japonais *Namco*. *Sony* entendait faire interrompre la commercialisation de cet émulateur, prétendant être titulaire du code de l'émulateur *Bleemcast* puisque, selon les dires de la demanderesse, il reprendrait l'architecture du système d'exploitation de sa console. Or, les juges américains, dans une décision du 10 février 2000 (*US Court of appeals, 9th circuit, Sony Computer entertainment V. Connectix Corp.*, 10 févr. 2000, 203.F3d.596), ont débouté la société japonaise. En effet, si les sociétés *Bleem* et *Connectix* ont réalisé une rétro-ingénierie de la console de *Sony*, c'était pour en comprendre le fonctionnement et en reproduire les effets par la conception d'un logiciel qui leur était propre. La légalité de l'émulateur n'a donc pas été remise en question.

Le second contentieux a quant à lui opposé le fabricant et éditeur japonais *Nintendo* à la société américaine *Tropic Haze*, qui diffusait sur son site *Yuzu-emu.org* un émulateur de la console *Switch*, dénommé *Yuzu*. Le 26 février 2024, *Nintendo* assigna *Tropic Haze* devant la *United States District Court of Rhode Island* en réparation du préjudice prétendument subi du fait de la diffusion sur l'internet d'une version contrefaisante de son jeu *Zelda Tears of the Kingdom*, douze jours avant sa sortie officielle (*Nintendo of America Inc. v. Tropic Haze LLC*, Case 1:24-cv-00082-JJM-LDA). Si l'éditeur japonais a agi contre *Tropic Haze*, c'est au motif que l'émulateur *Yuzu* parvenait à faire fonctionner des versions contrefaisantes du jeu, pourtant protégé par des clés de chiffrement propres. Puisque le jeu n'avait pas été commercialisé, il n'était pas légalement possible d'avoir accès à ces clés de chiffrement, sauf à les avoir obtenues frauduleusement ou à avoir mis en place un dispositif de contournement. Alors que cette procédure aurait pu aboutir à une décision majeure quant au régime juridique applicable aux émulateurs, la société défenderesse préféra transiger, acceptant de verser une somme d'argent de 2 400 000 $ et de remettre l'intégralité de ses moyens matériels et technologiques, au titre desquels figure en tête de liste le code source de l'émulateur. Grâce à ce dernier, *Nintendo* est parvenu à identifier et à obtenir la suppression de plusieurs milliers d'émulateurs clones de *Yuzu*. Certes, la société japonaise n'a pas obtenu une décision de justice interdisant les émulateurs. Pour autant, elle a réussi à se voir remettre les moyens techniques pour en endiguer le développement.

Chapitre 6

Les modifications des jeux vidéo par les joueurs

Si certains jeux vidéo proposent à leurs utilisateurs de relever leurs défis tels qu'ils ont été imaginés par leurs créateurs, d'autres vont plus loin en laissant aux joueurs une part créative dans l'expérience. Cette possibilité est apparue très tôt dans l'histoire de l'industrie, le jeu de plateforme *Lode Runner* étant souvent présenté comme le premier jeu de plateforme à proposer un éditeur de niveaux, c'est-à-dire un outil qui permet aux utilisateurs de concevoir de toutes pièces des tableaux reprenant des éléments du jeu. Ces éditeurs de niveaux se sont ensuite répandus, certaines licences en faisant d'ailleurs leur marque de fabrique, comme les jeux de courses *Trackmania* édités par *Ubisoft*, ou les deux premiers opus du jeu de plateforme *Little Big Planet* édités par *Sony Interactive Entertainment Europe*.

Ce concept a intéressé bon nombre de joueurs en raison de la liberté qui leur est accordée, essayant ainsi de repousser les limites de l'originalité des niveaux imaginés ou leur difficulté. C'est pourquoi certains jeux plus récents consistent essentiellement en des éditeurs de niveaux grâce auxquels leurs utilisateurs partagent leurs créations à la communauté, tel *Super Mario Maker* de *Nintendo*. D'autres jeux, dits bac à sable, repoussent encore plus loin l'expérience dans la mesure où les joueurs y sont libres d'y concevoir des biens virtuels que certains vont même jusqu'à céder dans le jeu moyennant une contrepartie en monnaie virtuelle, tel le *Linden Dollar* dans le métavers *Second Life*, voire en dehors du jeu moyennant une contrepartie en une devise ayant cours légal.

Du fait de la grande liberté laissée aux joueurs, ces jeux en deviennent quasiment des outils qui pourraient faire naître des créations éligibles à la protection par le droit d'auteur. Or, cette éligibilité n'est pas systématique selon le degré de liberté dont le joueur-créateur a joui. C'est en cela qu'il convient de distinguer deux types de créations.

Les premières créations sont dites assistées dans la mesure où elles sont préprogrammées dans le code du jeu. Le jeu d'exploration spatiale *No Man's Sky*, du studio *Hello Games*, a bâti une grande partie de son *gameplay* sur cette méthode, appelée *crafting* traditionnel. C'est ainsi que le joueur commence son aventure en collectant des ressources qui, une fois assemblées, permettront de fabriquer des pièces nécessaires à la réparation du vaisseau spatial échoué sur la planète de départ. Dans de telles circonstances, le joueur ne dispose d'aucune liberté créative, ce dont on déduit que les différentes créations issues de la combinaison de plusieurs éléments virtuels ne sont en rien éligibles à la protection par le droit d'auteur.

Il en va différemment du *crafting* dit moderne, grâce auquel le joueur, qui se voit mettre à disposition un certain nombre d'éléments virtuels au sein du jeu, ne se retrouve ensuite enfermé dans aucun autre carcan que la physique du jeu et son imagination. Dans *Super Mario Maker*, l'utilisateur peut ainsi concevoir de nouveaux niveaux à partir d'éléments présents dans les différentes itérations de la saga, sans aucune autre contrainte que celle de parvenir au moins une fois au bout du niveau ainsi créé. Dans *Minecraft*, de *Mojang Studios*, un de ses modes propose aux utilisateurs d'ériger des bâtiments et de créer des biens dématérialisés au cœur du jeu. C'est ainsi que l'un de ses serveurs abrite une bibliothèque, *The Uncensored Library*, au sein de laquelle plus de deux-cent ouvrages ont été retranscrits. Le *crafting* moderne offre donc aux joueurs la possibilité de produire des créations originales, donc éligibles au droit d'auteur, à la condition de prouver qu'il s'agit bien là d'une création artistique consciente empreinte de la personnalité de son concepteur. Cependant, une analyse casuistique s'impose, car c'est sur ce dernier point que les débats peuvent porter : la création du joueur est-elle suffisamment originale, au sens où elle parvient à se démarquer du jeu qui a servi à son support ? Autant la question ne se pose pas pour une peinture réalisée par le peintre à l'aide de son pinceau, puisque l'œuvre surplombe l'outil qui l'a fait naître. Autant le cas des créations *in-game* s'en distingue puisque reposant sur le schéma inverse, celles-ci prenant place au cœur même du jeu qui a servi d'outil de conception, rendant ainsi plus complexe, si ce n'est impossible, leur dissociation d'avec ce dernier.

Alors que les jeux précédemment énoncés reposent sur le concept de liberté de création laissée aux joueurs, ces derniers demeurent pourtant minoritaires. Pour autant, dans l'écosystème des jeux sur ordinateur, les capacités de ces terminaux offrent la faculté aux utilisateurs les plus expérimentés d'accéder aux codes des jeux et de les altérer pour leur faire produire des effets non-désirés par leurs développeurs. Il en a émergé deux pratiques majeures dont l'analyse juridique diffère.

La première pratique, à laquelle les éditeurs de jeu en ligne sont très sensibles en ce qu'elle nuit à l'expérience de jeu multijoueur, est celle de la triche. À l'aide de logiciels dédiés, les utilisateurs indélicats parviennent à affecter le fonctionnement du jeu pour se voir octroyer des facilités au détriment des autres participants : visée automatique, vision à travers les murs, etc. Certains types de jeux sont principalement touchés, notamment les *first person shooters* comme *Overwatch 2*, *Destiny 2* ou encore la série des *Call of Duty*.

On pourrait penser que l'utilisation de logiciels de triche entre en violation des prérogatives de l'ayant droit sur le logiciel ainsi altéré dans le jeu. Ce raisonnement est d'ailleurs exact chaque fois que le logiciel de triche a pour objet de modifier le code du jeu pour favoriser son utilisateur. Or, tel n'est pas le seul mode de fonctionnement de ces applications de triche. En effet, dans un contentieux opposant la société japonaise *Sony* à l'entreprise britannique *Datel*, les juges de la Cour de justice de l'Union européenne – CJUE – se sont retrouvés confrontés à un logiciel de triche au fonctionnement bien particulier (CJUE, 1er ch., 17 oct. 2024, aff. C-159/23). En effet, ce dernier ne reproduisait en rien tout ou partie du code du logiciel utilisé pour faire fonctionner le jeu. À l'inverse, il n'affectait que les données variables mises temporairement dans la mémoire du terminal de l'utilisateur. De la sorte, cette application de triche ne dupliquait pas tout ou partie du logiciel du jeu. Bien plus, pour pouvoir fonctionner, le jeu et le logiciel de triche devaient fonctionner simultanément, de façon synchronisée mais sans jamais se confondre. Les juges européens en ont donc déduit que la contrefaçon de logiciel n'était pas caractérisée, déboutant ainsi la société japonaise de ses demandes.

On comprend de cette dernière jurisprudence qu'en dépit du dessein illicite, à tout le moins frauduleux, des utilisateurs de logiciels de triche, le droit de la propriété intellectuelle n'est pas nécessairement adapté pour réprimer ces comportements. C'est la raison pour laquelle les ayants droit préfèrent agir *a priori*, avant même toute procédure de nature judiciaire, en contractualisant au sein du contrat de licence d'utilisateur final, ou CLUF, le comportement que les joueurs doivent adopter. C'est ainsi que nombre de ses contrats, acceptés par les joueurs pour accéder au jeu, stipulent l'interdiction de recourir à de telles applications, sans quoi les utilisateurs indélicats s'exposent à des sanctions de nature privée, comme le bannissement des fonctionnalités en ligne du jeu, voire du jeu dans son intégralité, de façon temporaire ou définitive. Cette voie est celle la plus usitée aujourd'hui en raison de sa rapidité de mise en œuvre, d'autant plus optimisée puisque des algorithmes sont implémentés dans les serveurs des jeux pour détecter les logiciels de triche et procéder à des bannissements de façon automatisée.

La seconde pratique, propre aux utilisateurs d'ordinateurs, est celle du *modding*. Les *moddeurs* utilisent un jeu à partir duquel ils vont créer des déclinaisons en en modifiant les éléments : nouveaux personnages, nouvelles zones à explorer, par exemple. Cette pratique est très répandue au sein de la communauté des joueurs de *Grand Theft Auto*. Certains *mods* sont même très ambitieux. C'est ainsi que le *mod Enderal* utilise uniquement le moteur du jeu *The Elder*

Scrolls V : Skyrim pour proposer un monde virtuel totalement nouveau.

La licéité des *mods* interroge. En effet, les *moddeurs* procèdent à une modification de tout ou partie d'un jeu, éligible à la protection du droit commun du droit d'auteur pour ses composantes artistiques, et au régime spécial du logiciel pour les composantes correspondantes. Il s'ensuit que, puisqu'ils s'appuient sur des créations préexistantes, les *mods* doivent être qualifiés d'œuvres dérivées, dont les conditions posées par l'article L. 113-4 du Code de la propriété intellectuelle doivent être respectées. Dès lors, sauf à avoir obtenu l'accord de l'ayant droit, un *mod* revêt les caractères d'une contrefaçon de droit d'auteur, quelle que soit la finalité poursuivie par leur auteur. C'est ainsi que, lorsque le jeu d'action-RPG *Cyberpunk 2077*, développé par le studio polonais *CD Projekt*, a été commercialisé et a fait l'objet de nombreuses critiques en raison de défauts d'affichage, certains joueurs se sont mobilisés pour proposer des *patchs* et *mods* destinés à corriger ces défauts. Certes, l'objectif était louable, s'il se limitait à cela et ne dissimulait pas d'intention malhonnête comme la dissimulation de codes informatiques malveillants. Pour autant, à défaut de l'accord du studio, ces modifications constituent des logiciels contrefaisants.

On comprend de ces développements que l'autorisation de l'ayant droit est le point névralgique de la licéité d'un *mod*. Or, la pratique est tellement devenue familière du secteur du jeu vidéo qu'il est désormais très aisé de déterminer si cette autorisation a bel et bien été donnée. Ainsi, il suffit souvent de consulter les CLUF pour vérifier si les *mods* sont autorisés et, dans la positive, quelles sont les limites fixées. Certains *moddeurs* prennent en effet un malin plaisir à détourner les jeux et leurs protagonistes pour les amener à réaliser des scènes à connotation sexuelle. Or, ces types de détournement sont souvent expressément prohibés par les contrats de licence, sans compter qu'ils peuvent constituer une atteinte au droit à l'image de celui ou celle qui incarne l'un des personnages détournés, tel l'acteur américano-canadien Keanu Reeves qui a incarné le personnage de Johnny Silverhand dans *Cyberpunk 2077* et dont l'un des *mods* illicites proposait d'entretenir avec lui des relations sexuelles. L'autorisation de procéder à des *mods* peut également se déduire du fait que l'ayant droit lui-même fournit aux joueurs un outil pour réaliser les modifications de son jeu. Outre la déduction de son autorisation pour les réaliser, c'est également un moyen pour ce dernier de s'assurer que ces versions modifiées ne dépasseront pas les limites qu'il entendait fixer aux *moddeurs* grâce au bridage technique du logiciel de *modding* distribué.

Qu'il s'agisse des jeux bac à sable, des éditeurs de niveaux, du *modding* et même de la triche, on constate que, les années s'écoulant, l'implication du joueur dans un jeu vidéo va croissante. Le jeu vidéo se différenciait, dès ses origines, de l'œuvre audiovisuelle en raison du rôle actif du joueur qui interagissait avec l'écran, ce que le législateur national avait qualifié d'interactivité dans la définition énoncée à l'article 220 *terdecies* du code général des impôts. Cependant, bien plus qu'une simple interactivité, le joueur est désormais amené à concevoir sa propre expérience de jeu, pour lui-même mais aussi pour la communauté des autres joueurs, ce qui explique l'utilisation de plus en plus récurrente de l'appellation de joueurs-créateurs.

Chapitre 7

Le joueur est-il propriétaire des jeux vidéo de sa ludothèque ?

S'il est un domaine dans lequel le langage courant amène à se méprendre sur la nature juridique réelle de l'opération contractuelle réalisée, c'est bien dans le secteur du jeu vidéo. De la même façon que l'on achète une place de spectacle ou un séjour de vacances, les joueurs disent acheter leurs jeux vidéo, que ceux-ci soient d'ailleurs distribués sur support physique ou de façon dématérialisée. Si cette croyance est tenace dans l'esprit des utilisateurs, c'est parce que le jeu vidéo a d'abord été commercialisé via différents types de supports physiques, qu'il s'agisse de cassettes, cartouches ou disques optiques. C'est pourquoi l'on comprend mieux la stupeur des uns et l'irritation des autres lorsque certains jeux deviennent inutilisables en raison de l'arrêt des serveurs qui leur étaient dédiés.

L'arrêt de services et de fonctionnalités en ligne de jeux vidéo n'est pas un phénomène nouveau. Ainsi, en avril 2013, le constructeur japonais *Nintendo* avait annoncé la fermeture de certaines des chaînes accessibles depuis sa console *Wii*, ce afin de se concentrer exclusivement sur sa nouvelle machine, la *Wii U*. Dans la même veine, ce dès le mois d'août 2009, les serveurs du MMORPG *The Matrix Online* furent arrêtés par les éditeurs *Sega* et *Warner Bros Interactive Entertainment*, faute de rentabilité. Pour autant, si la question de la propriété et, corrélativement, de la préservation des jeux vidéo est redevenue d'actualité, c'est suite à la décision de l'éditeur français *Ubisoft* d'interrompre les serveurs de son jeu de course automobile *The Crew*, ce qui eut pour conséquence d'empêcher l'accès aux fonctionnalités en ligne qui y étaient associées mais, également, de lancer une campagne solo supposée se dérouler en local, c'est-à-dire uniquement sur le terminal du joueur. Alors même que les utilisateurs disposaient du jeu au format physique sur un support optique, ils se trouvaient systématiquement confrontés à un message d'erreur mentionnant l'inaccessibilité au serveur, empêchant d'activer les moindres fonctionnalités du jeu. L'affaire ayant été largement portée à la connaissance du grand public par les médias, il n'en fallait pas moins pour raviver la question de la propriété des jeux vidéo.

L'argument récurrent des joueurs pour justifier de leur droit de propriété sur les jeux vidéo de leur ludothèque repose sur la propriété du support physique sur lequel ces jeux sont stockés et distribués. C'est ainsi que l'on entend souvent l'argument selon lequel l'éditeur ne va pas se rendre chez chacun des utilisateurs pour venir ôter de sa bibliothèque le jeu dont il voudrait faire cesser la distribution et circulation. Si cet argument n'est pas totalement erroné, il est cependant utilisé à mauvais escient. En effet, chaque fois qu'un jeu vidéo est distribué sur support physique, ce sont en réalité deux contrats qui sont conclus.

Le premier porte sur le support physique qui sert de véhicule au jeu qu'il contient. En la matière, il s'agit bien d'un contrat de vente ayant pour conséquence que le joueur en devient propriétaire. Ce dernier peut donc en jouir librement, voire en disposer, conformément aux prérogatives absolues incombant à tout propriétaire d'un bien.

Le second porte sur le jeu vidéo stocké dans le support physique. En sa qualité d'œuvre de l'esprit, éligible à la protection prévue par le droit d'auteur, on en déduit que l'éditeur d'un jeu n'entend pas céder ses prérogatives patrimoniales aux joueurs. L'objet du contrat étant de permettre à ces derniers de jouer à l'œuvre vidéoludique aux conditions prédéterminées par l'ayant droit, les utilisateurs bénéficient alors d'une licence d'utilisation, dénommée « contrat de licence d'utilisateur final », ou CLUF. Il s'ensuit donc que les joueurs ne sont pas propriétaires des jeux vidéo composant leur ludothèque. Mais, de surcroit, puisque le jeu vidéo, sur lequel les prérogatives de l'utilisateur sont limitées, est indissociable de son support physique, les prérogatives de propriétaire des joueurs sur ce support sont, elles aussi, corrélativement limitées. Ainsi, à titre d'illustration, si un joueur peut prêter le support physique, conformément à ses droits attachés à sa qualité de propriétaire, c'est à la condition que le CLUF autorise le prêt du jeu vidéo qui y est stocké. À défaut, le prêt du support physique, pourtant conforme au droit des biens, violerait le CLUF portant sur le jeu vidéo qu'il contient.

Ce raisonnement est transposable aux jeux vidéo distribués de façon dématérialisée par téléchargement. L'utilisation du jeu dématérialisé reste soumise à l'acceptation de son

CLUF, alors même que le jeu sera stocké sur un support physique (disque dur d'ordinateur ou de console de jeu) dont l'utilisateur est le propriétaire.

Cette distinction entre la propriété du support de stockage et les droits portant sur les jeux vidéo est inhérente à l'industrie du jeu vidéo et, plus largement, à toutes les industries de divertissement dont l'objet est la commercialisation d'œuvres de l'esprit. Or, si celle-ci n'a jamais posé de difficultés pendant des décennies, c'est parce que les ayants droit ne disposaient pas des moyens techniques leur permettant de mettre en œuvre leurs prérogatives inhérentes au droit d'auteur après la mise en circulation des jeux vidéo. En effet, lorsque les jeux étaient distribués sur support physique, les ayants droit perdaient toute mainmise sur leurs créations dès leur commercialisation. Ainsi, il leur était impossible d'apporter des mises à jour, correctifs ou contenus additionnels, sauf à distribuer de nouveau un support physique stockant ces nouveaux contenus. Dès lors, si un éditeur désirait faire cesser la commercialisation de l'un de ces jeux, tout au mieux pouvait-il rappeler les exemplaires non encore vendus, les autres restant dans les ludothèques des joueurs. L'un des premiers cas dans le secteur vidéoludique fut la réédition du jeu de boxe *Punch-Out*, en raison de la rupture du contrat liant le boxeur états-unien Myke Tyson à l'éditeur *Nintendo*. Si les nouvelles versions ont évincé de leur jaquette et de leur contenu l'image du sportif, les jeux déjà vendus n'ont pas pu être récupérés, ce qui explique que l'on en retrouve encore des exemplaires sur les plateformes de vente de biens d'occasion.

Un tournant eut lieu non pas avec la dématérialisation des jeux vidéo, mais en raison de l'avènement des jeux vidéo connectés. En effet, c'est grâce à la connexion des terminaux à l'internet, que ce soit les ordinateurs dans un premier temps, puis les consoles dans un second temps, que les ayants droit ont été mis en mesure de mettre en œuvre leurs prérogatives issues du droit d'auteur. Outre la possibilité de mettre à jour leurs créations, de les corriger ou d'en proposer des contenus additionnels de façon aisée, il leur est devenu possible, par le biais d'une simple mise à jour, de paralyser des jeux vidéo pourtant enregistrés sur des supports physiques ou des terminaux entre les mains des utilisateurs. Si nous avons évoqué le cas de la simulation de course automobile *The Crew* quelques lignes plus haut, il n'en est que la suite d'une longue liste de jeux que les éditeurs souhaitaient voir disparaître pour des raisons diverses. Un exemple marquant, non lié à des raisons économiques, est celui du projet d'un nouvel épisode du *survival horror Silent Hill*, dénommé *P.T.*, porté par le créateur japonais Hideo Kojima, travaillant alors au sein de la société japonaise *Konami*. Suite à un différend entre le porteur du projet et son employeur, menant à la rupture de leur relation de travail, *Konami* diffusa une mise à jour rendant inopérationnel l'ensemble des versions de démonstration de *P.T.* qui avaient été téléchargées par les joueurs, ce qui revenait juridiquement à la mise en œuvre de ses droits de divulgation, de repentir et de retrait.

Bien que les ayants droit se contentent de mettre en œuvre leurs prérogatives issues du droit d'auteur, celles-ci interrogent malgré tout sur deux points.

Le premier est celui du respect du droit de la consommation. En effet, les jeux vidéo peuvent être qualifiés de contenus numériques qui, conformément à l'article L. 224-25-14 du

Code de la consommation, doivent être fournis, en termes de continuité, conformément aux attentes légitimes des consommateurs. Or, dans le cas du jeu vidéo de rôle et d'action *Babylon's Fall*, édité par *Square Enix*, les serveurs ont été fermés le 28 février 2023, soit moins d'un an après sa sortie le 3 mars 2022, et ce alors même que certains utilisateurs avaient déboursé près de 70 € pour y jouer. Le respect de la condition de continuité imposée par le Code de la consommation interroge alors.

Le second est celui de la préservation du patrimoine vidéoludique. Certes, il existe en France le dispositif du dépôt légal, prévu aux articles L. 131-1 et suivants du Code du patrimoine. À ce titre, l'éditeur doit déposer auprès des organismes habilités, au sein desquels figurent la Bibliothèque Nationale de France, l'Institut National de l'Audiovisuel et le Centre National du Cinéma et de l'Image Animé, deux exemplaires des œuvres qu'il diffuse sur le territoire national. Or, quand bien même un jeu vidéo serait déposé, si une mise à jour paralysant le jeu est déployée ou si ses serveurs sont arrêtés, l'exemplaire déposé devient également dysfonctionnel, rendant alors vaine la démarche de sa préservation sauf à des fins purement historiques. Cette tâche est par ailleurs rendue encore plus complexe par l'émergence de nouveaux modèles de distribution des jeux vidéo. Les premiers sont les services d'abonnement permettant l'accès temporaire à des catalogues de jeux en téléchargement ou jouables en ligne en *streaming*. Les seconds consistent en les « jeux services » ou *Game as a service* – GaaS – dont la spécificité est de proposer des contenus nouveaux ou en constante évolution, que ce soit à titre gratuit ou moyennant le paiement d'une somme d'argent ponctuelle ou récurrente sous forme d'un abonnement. Même si ces derniers modes de commercialisation des jeux vidéo évincent la question de la propriété des joueurs sur lesdits jeux, de par leur nature de service, il n'en reste pas moins que les utilisateurs y créent parfois un compte et y obtiennent des biens dématérialisés, ce qui amène à s'interroger sur la protection de ces contenus virtuels.

Chapitre 8

La protection des contenus virtuels des joueurs

Le développement des activités de jeux vidéo en ligne s'est inexorablement accompagné de la commission d'actes de cybercriminalité. Entre logiciels malveillants infectant les terminaux des joueurs et attaques des serveurs informatiques des éditeurs et studios, les joueurs sont exposés malgré eux à des risques inhérents à un grand nombre de services numériques. Or, si le secteur du jeu vidéo se distingue d'autres domaines, c'est en raison des prérequis qu'il implique et de l'objet même de l'activité vidéoludique. D'abord dans les jeux de rôle massivement multi-joueurs, puis désormais étendue à d'autres catégories, une grande majorité de jeux vidéo requiert la création par le joueur d'un compte, dans lequel sa progression va être sauvegardée, ainsi que tous les objets virtuels qu'il aura pu gagner ou acheter au cours de ses heures de jeu. Certains utilisateurs y ont d'ailleurs vu une nouvelle source de revenus, certains créant des comptes et jouant pour en enrichir le contenu puis les revendre sur des plateformes de vente de biens, à l'instar d'*eBay* ou de *Le Bon Coin*. C'est ainsi que des comptes des jeux *World of Warcraft* ou, entre autres, *Pokémon Go* sont proposés moyennant le paiement d'une somme d'argent, celle-ci pouvant allégrement dépasser le millier d'euros selon le contenu du compte à céder. Il n'en fallait pas plus pour attirer l'attention des cybercriminels, y voyant une nouvelle manne financière.

Au début des années 2010, les médias spécialisés ont relaté une vague d'actes de cybercriminalité touchant le MMORPG *World of Warcraft*, de nombreux joueurs se faisant « voler » leur compte-joueur. Si, dans le langage courant, le terme de vol permet de comprendre que l'utilisateur s'est vu soustraire de façon frauduleuse l'accès à son compte, la qualification juridique de l'infraction commise n'allait pas de soi. En effet, à cette période, pour que l'infraction de vol, prévue par l'article 311-1 du Code pénal, soit caractérisée, la soustraction frauduleuse du bien impliquait sa manipulation matérielle. Or, puisque tel n'était pas le cas pour un compte de jeu vidéo, les éléments constitutifs de l'infraction n'étaient pas réunis.

D'autres pistes pouvaient cependant être creusées. Ainsi, les articles 323-1 et suivants du Code pénal répriment diverses infractions commises à l'égard des systèmes de traitement automatisé de données, ou STAD, notamment leur accès et maintien frauduleux. Or, pour que le cybercriminel puisse prendre le contrôle du compte du joueur cible, encore faut-il parvenir à y accéder en obtenant les identifiants et mots de passe pour, dans un second temps, en empêcher l'accès à son titulaire par la modification desdites informations. De la même façon, puisque le compte permet au joueur de s'identifier au sein du jeu concerné, celui-ci est protégé par la réglementation applicables aux données à caractère personnel de la loi du 6 janvier 1978 et, dorénavant, du règlement général sur la protection des données – RGPD – du 27 avril 2016. Pour la même raison, ce compte et, potentiellement, l'avatar qui y est attaché constituent l'une des composantes de l'identité numérique de l'utilisateur. C'est pourquoi l'infraction d'usurpation d'identité numérique, prévue à l'article 226-4-1 du Code pénal peut également être mobilisée si le cybercriminel commet « le fait d'usurper l'identité d'un tiers ou de faire usage d'une ou plusieurs données de toute nature permettant de l'identifier en vue de troubler sa tranquillité ou celle d'autrui, ou de porter atteinte à son honneur ou à sa considération ».

Loin d'être sans réponse, le droit alors applicable permettait d'appréhender le phénomène de soustraction frauduleuse d'un compte-joueur, mais par le truchement de la caractérisation d'autres infractions, rendant ainsi leur preuve plus complexe. Cependant, par un arrêt du 20 mai 2015, la chambre criminelle de la Cour de cassation opéra un revirement de jurisprudence (Cass. crim., 20 mai 2015, n° 14-81336 ; *Bull. crim.* n° 119). Dans une affaire portant sur l'intrusion dans le réseau informatique de l'Agence nationale de sécurité sanitaire de l'alimentation, amenant au téléchargement et à la diffusion à des tiers des données qui en ont été extraites, la Haute juridiction retint la qualification de vol en dépit de l'immatérialité de l'objet de la soustraction frauduleuse, en l'occurrence des données. Par analogie avec le vol d'électricité, par nature immatérielle, le vol peut désormais être retenu quand bien même des données seraient visées, facilitant ainsi la caractérisation de cette infraction.

Si les cybercriminels s'intéressent aux comptes des joueurs, c'est, comme évoqué plus haut, en raison de leur contenu. Certes, sans grande surprise, les coordonnées bancaires sont particulièrement prisées. Mais, spécifiquement dans le domaine du jeu vidéo, ce sont également tous les biens virtuels attachés au compte, ou *stuff*, qui sont visés. C'est ainsi que, dans le jeu d'aventure spatiale *Eve Online*, un vaisseau, le *Gold Magnate*, a été acheté pour un montant de 32 500 $. Dans le même sens, le *first person shooter Counter Strike : Global Offensive* contient un couteau, le *Blue Gem Karambit*, dont le montant a été évalué à 1,5 million de dollars. De tels montants expliquent donc l'intérêt des cybercriminels pour les comptes des joueurs.

La répression de la soustraction frauduleuse de biens virtuels par un tiers est une question à laquelle certaines juridictions ont déjà été confrontées. Ainsi, la Cour suprême des Pays-Bas (*Hoge Raad der Nederlanden*, 31 janv. 2012, NJ 2012/536) eut à trancher un différend opposant un jeune garçon à deux adolescents qui l'avaient agressé en vue de se faire transférer, sur leur compte de jeu, des biens virtuels dont la victime disposait dans le jeu de rôle massivement multi-joueurs *RuneScape*. Faisant une application téléologique de l'article 310 du code pénal national, qui sanctionne le fait de subtiliser un bien appartenant à un tiers avec l'intention de se l'approprier, les juges, dans un arrêt du 31 janvier 2012, condamnèrent les agresseurs sur ce fondement. Il s'ensuit que, peu important la nature matérielle ou immatérielle des biens subtilisés, c'est la valeur économique que représentent les biens virtuels, obtenus moyennant le paiement de sommes d'argent et le temps de jeu, qui justifie l'application de cette disposition.

À la lecture de cette dernière jurisprudence, on comprend que les juges vont dans le sens de la reconnaissance d'un droit des joueurs sur les biens virtuels qu'ils détiennent dans des jeux vidéo à l'égard de tiers. Or, la question est différente lorsqu'il s'agit de déterminer la nature de ces droits dans la relation entretenue avec les ayants droit d'un jeu. En effet, quelle que soit la nature de la prérogative que l'éditeur a octroyé aux joueurs sur les biens virtuels, ce droit constitue en toutes hypothèses une créance faisant partie du patrimoine de l'utilisateur, méritant donc d'être protégée contre les atteintes extérieures. Cependant, dans la relation contractuelle entre le joueur et l'ayant droit, même s'il semble évident qu'un droit existe, sa nature interroge, amenant à des divergences de point de vue.

D'un côté, les ayants droit affirment que les biens virtuels, en ce qu'ils relèvent du jeu, sont soumis à la même licence d'utilisation que ce dernier, de sorte que les joueurs ne disposeraient que d'un simple droit personnel de jouissance sur ces biens, soumis de plus à l'exercice des prérogatives issues du droit d'auteur de leur titulaire.

D'un autre côté, plusieurs théories ont été mises en avant pour tenter de justifier l'existence d'un droit de propriété des joueurs sur les biens virtuels contenus dans leur compte, au sein desquelles la plus pertinente est la *labour theory* imaginée par le philosophe anglais John Locke (*Le second traité du gouvernement*, 1690, PUF, 1994, chp. V, n°s 25 et s., spéc. n° 28). Selon cet auteur, le travail nécessaire pour créer, transformer, adapter ou rendre utile une chose justifierait que celui qui a fourni ces efforts soit investi d'un droit de propriété sur le bien. Cette théorie pourrait opportunément s'appliquer dans le domaine du jeu vidéo chaque fois que les biens virtuels ne peuvent être conçus qu'après de longues et fastidieuses étapes de collecte et de façonnage d'autres biens virtuels nécessaires à leur obtention, ce que l'on appelle le *farming*.

En droit positif, la question aurait pu être tranchée par les juges chinois, lorsque la *Beijing Second Intermediate People's Court* eut à résoudre un différend opposant un utilisateur du jeu en ligne *Red Moon* à son éditeur, la société *Beijing Arctic Ice Technology Development*. Dans cette affaire, le demandeur s'était fait dérober par un cybercriminel, exploitant une faille de sécurité, l'intégralité des biens virtuels obtenus en cours de partie moyennant des paiements à hauteur de 1 200 $ et un temps de jeu conséquent depuis plus de deux ans. Parmi ses arguments, le demandeur avait implicitement fait référence à la *labour theory* de John Locke en insistant sur l'investissement nécessaire à l'obtention de ces biens virtuels. Mais c'est sur un fondement de nature contractuelle que les juges, dans une décision du 18 décembre 2003 (*Beijing Second Intermediate People's Court*, judgment n° 02877 (2004)), firent droit aux prétentions du joueur, l'existence d'une faille de sécurité ayant été analysée comme constitutive d'un manquement contractuel de la part de l'éditeur.

En droit français, une solution similaire, sur un fondement proche, pourrait être rendue puisque le Code de la consommation prévoit désormais, au titre de la garantie légale de conformité des contenus et services numériques, que ces derniers doivent présenter la sécurité à laquelle les consommateurs peuvent légitimement s'attendre étant donné la nature de la prestation fournie (c. consom., art. L. 224-25-14, I, 7°), ce qui inclut la mise en place et l'entretien d'un dispositif de sécurité informatique suffisant pour empêcher les actes de cybercriminalité. Pour autant, alors même que ces dernières règles permettent de relever l'existence de droits des joueurs sur leurs biens virtuels, elles n'éclairent pourtant en rien sur leur nature. Si un éditeur devait décider, du jour au lendemain, de supprimer des biens virtuels d'un jeu, pourtant payés et/ou gagnés par les joueurs après de longs temps de jeu, ni les textes ni les juges n'ont pour le moment apporté d'élément de réponse. La question reste ainsi soumise au CLUF, dont nombre d'entre eux dénient tout droit aux joueurs sur les biens virtuels obtenus *in game*.

Chapitre 9

Les jeux défectueux

En dépit de sa nature d'œuvre de l'esprit et de son appartenance au secteur économique du divertissement, le jeu vidéo n'échappe pas à sa réalité fonctionnelle. En effet, qu'il s'agisse des terminaux utilisés pour jouer que des jeux en eux-mêmes, ceux-ci peuvent présenter des dysfonctionnements ou des non-conformités.

Chaque fois que le terminal de jeu est affecté par des anomalies ou que le support de jeu est altéré, qu'il s'agisse d'une cartouche ou d'un disque optique, l'acheteur, puisqu'il s'agit ici d'un bien physique dont il est devenu le propriétaire, bénéficie des dispositions relatives à la bonne exécution des contrats de vente. C'est ainsi que si le bien ne correspond pas aux stipulations contractuelles, l'acheteur peut invoquer le fondement de la délivrance non-conforme, création prétorienne trouvant son siège dans les articles 1603 et 1604 du Code civil. Par ailleurs, s'il s'agit d'un dysfonctionnement, la garantie des vices cachés, destinée à protéger l'acheteur contre les « défauts cachés de la chose vendue qui la rendent impropre à l'usage auquel on la destine » (c. civ., art. 1641), permet à ce dernier d'obtenir la restitution de tout ou partie du prix versé.

Même si le dispositif protecteur mis en place a été renforcé en droit de la consommation au profit des consommateurs grâce à la création de la garantie de conformité, désormais prévue aux articles L. 217-1 et suivants du code dédié, un doute subsistait. En droit de la consommation, la garantie de conformité ne s'applique qu'aux seules ventes de biens meubles corporels, permettant ainsi de couvrir les non-conformités relatives aux terminaux et supports de jeu. Mais, si l'on s'en tient à une lecture stricte, celle-ci ne couvre pas les défauts inhérents au jeu vidéo en lui-même : dysfonctionnements, ou « bugs », empêchant la sauvegarde de la partie, entrainant le redémarrage du jeu ou empêchant la progression du joueur, sans compter les divergences entre les images et captures d'écran reproduites sur les emballages d'un côté et le jeu vidéo réellement distribué de l'autre. Le réflexe est alors d'en revenir au droit commun de la vente, ce qui soulève plusieurs questions. Tout d'abord, l'obligation de délivrance conforme et la garantie des vices cachés ont-elles vocation à s'appliquer aux jeux vidéo en raison de leur immatérialité ? La tentation est grande d'apporter une réponse positive du fait de l'absence d'exclusion de ce type de biens, mais sans certitude pour autant. Ensuite, et surtout, ne faudrait-il pas écarter purement et simplement le droit de la vente ? En effet, le joueur n'est titulaire que d'un contrat de licence d'utilisateur final, amenant alors à se retrancher, au mieux et par analogie, derrière la réglementation du contrat de bail (c. civ., art. 1713 et s.) et, à défaut, derrière les règles de droit commun relatives à l'inexécution ou la mauvaise exécution des contrats (c. civ., art. 1217 et s.). En toutes hypothèses, les règles applicables seraient toujours moins protectrices que celles dont un joueur aurait pu bénéficier en sa qualité de consommateur.

Une nouvelle piste est apparue avec la promulgation de la directive 2019/770 du 20 mai 2019 (dir. (UE) 2019/770 du Parlement européen et du Conseil du 20 mai 2019 relative à certains aspects concernant les contrats de fourniture de contenus numériques et de services numériques, *JOUE* n° L 136 du 22 mai 2019, p. 1 et s.). Son apport est double.

En premier lieu, cette directive identifie de nouvelles prestations que sont les contenus numériques et les services numériques, en l'occurrence « les programmes informatiques, les applications, les fichiers vidéo, les fichiers audio, les fichiers musicaux, les jeux numériques, les livres électroniques ou les autres publications électroniques, de même que les services numériques qui permettent la création, le traitement ou le stockage de données sous forme numérique » (dir. 2019/770, cons. 19), y compris donc les jeux vidéo, quel que soit leur mode de distribution. De plus, par l'utilisation du terme « fourniture » pour ces prestations, on comprend que le législateur européen a élargi le champ d'application du droit de la consommation en s'écartant de la traditionnelle *summa divisio* entre vente de biens et fourniture de prestations de service, pour y inclure des objets dont le schéma contractuel de commercialisation ne correspond à aucun de ces contrats spéciaux. En effet, les jeux vidéo, tout comme les fichiers audio, musicaux ou logiciels, sont soumis à des licences d'utilisation qui ne relèvent ni des contrats de vente ni des prestations de service. C'est en cela que le choix du terme « fourniture » est opportun en ce qu'il implique l'idée d'une distribution aux consommateurs, sans s'enfermer dans un schéma contractuel trop rigide.

En second lieu, si le législateur européen a pris la peine de définir les contenus numériques et les services numériques pour prendre en compte leurs spécificités, c'est pour y associer une garantie de conformité correspondante s'inspirant de celle prévue en matière de vente de biens entre un professionnel et un consommateur, mais avec les ajustements qui s'imposent. Transposée aux articles L. 224-25-1 et suivants du Code de la consommation, la directive 2019/770 prévoit une garantie subjective. À ce titre, la prestation doit répondre à toutes les indications de compatibilité, interopérabilité ou encore de fonctionnalité, telles qu'elles ont été prévues au contrat (dir. 2019/770, art. 7 ; c. consom., art. L. 224-25-13). De plus, en toutes circonstances, il est également prévu une garantie dite objective, en ce que la prestation doit répondre aux qualités, fonctionnalités ou encore sécurité auxquelles les consommateurs peuvent légitimement s'attendre, étant donné la nature du contenu numérique ou du service numérique presté (dir. 2019/770, art. 8 ; c. consom., art. L. 224-25-14). En somme, le professionnel est non seulement tenu de fournir une prestation conforme à ses indications contractuelles, mais également d'en assurer une qualité minimale, tel un seuil, correspondant à sa nature.

Ces dispositions ont vocation à s'appliquer dans leur totalité aux jeux vidéo. Si cela n'a pour l'instant donné lieu à aucune décision de justice sur le territoire national, il n'empêche que plusieurs cas, parfois antérieurs à l'entrée en vigueur de ces textes au 1er janvier 2022, illustrent de quelle façon ces derniers pourraient présenter un intérêt dans le secteur vidéoludique.

L'une des applications est celle de la diffusion d'images ou de vidéos ne reflétant pas la qualité du jeu commercialisé. Plutôt qu'un *dolus bonus* dont le but est d'embellir la réalité en vantant de façon exagérée la qualité d'un produit, la diffusion de ces images et vidéos dissimule à l'inverse un *dolus malus*, en ce qu'elles incitent les joueurs à contracter en les trompant quant aux qualités réelles du jeu. C'est ainsi que la plateforme *Steam* impose désormais aux éditeurs distribuant des jeux par son intermédiaire de ne fournir que des captures d'écran issues du jeu en vue de leur publication sur la page dédiée, afin que les joueurs ne soient pas trompés par des images issues de scènes cinématiques non-jouables mais dont la qualité visuelle serait meilleure. De la même façon, et pour des raisons similaires, les *trailers* publicitaires de jeux mentionnent désormais si les images en cours de diffusion sont issues de telles cinématiques, ce afin de ne pas tomber sous le coup des pratiques commerciales trompeuses des articles L. 121-2 et suivants du Code de la consommation.

Ce phénomène a été accentué avec l'apparition des précommandes. Par ce procédé, les joueurs obtiennent une licence du jeu avant même sa commercialisation, leur paiement étant motivé par les annonces et contenus diffusés au public en avant-première. Les joueurs y sont d'autant plus incités que ceux qui réalisent des précommandes se voient souvent gratifiés de contenus exclusifs ou d'un accès anticipé. Cependant, si les studios ont ainsi trouvé un nouveau moyen de financement de leurs jeux en cours de développement, c'est à la condition que leurs promesses soient tenues puisque le contenu numérique ou le service numérique fourni doit correspondre aux « déclarations publiques faites par le professionnel » (c. consom., art. L. 224-25-14, I, 7°). Cette hypothèse n'est pas sans rappeler le cas du jeu d'exploration spatiale *No Man's Sky*, du studio britannique *Hello Games*. Alors que le jeu avait été présenté par des *trailers* aux contenus resplendissants, les joueurs avaient été déçus par son rendu final, notamment en raison de la qualité graphique plus pauvre des espèces animales extraterrestres, ce qui avait engendré une importante vague de remboursement des utilisateurs mécontents.

Une autre hypothèse d'application de la garantie de conformité aux jeux vidéo est celle de leurs dysfonctionnements en cours de partie. Avec la complexité technique croissante des jeux modernes, il est désormais récurrent que les joueurs soient confrontés à des *bugs* à la gravité variable. Les dysfonctionnements mineurs consistent souvent en des défauts d'affichage, tel un personnage assis sur une chaise qui ne s'affiche pas à l'écran, ou en des défauts de collision pouvant amener à la fusion ou à la prise de contrôle d'éléments qui n'y étaient pourtant pas destinés. Dans ces situations, le préjudice est minime puisque, non seulement, ils n'affectent pas ou peu le bon déroulement de la partie mais, de plus, il suffit souvent de simplement relancer une nouvelle partie pour que le défaut disparaisse de lui-même.

La donne est différente pour les défauts dits majeurs, c'est-à-dire qui compromettent le bon déroulement de la partie, au point parfois d'empêcher définitivement la progression de l'utilisateur. C'est ainsi que le jeu *Cyberpunk 2077*, de la société polonaise *CD Projekt*, a pendant un temps été victime d'un *bug* de sauvegarde, certains terminaux de jeu considérant le fichier de sauvegarde comme corrompu chaque fois qu'il dépassait la taille de 8 Mo. Empêchant également la progression du joueur, le jeu *Batman : Arkham Knight*, édité par *Warner Bros Interactive Studios*, a régulièrement fait assister ses joueurs à des scènes dans lesquelles leur personnage se retrouvait happé par le sol, traversant les textures du jeu. Le personnage se retrouvait alors emprisonné, contraignant l'utilisateur à recommencer la partie.

Un dernier cas d'application de la garantie de conformité est celui des failles de sécurité que peut présenter un jeu vidéo. Il arrive parfois qu'un jeu, ou que l'une de ses mises à jour, nuise à l'environnement numérique du joueur. Ainsi, à titre d'illustration, l'une des mises à jour du jeu *The Division* sur la console *Xbox One* de *Microsoft*, par son développeur *Massive Entertainment*, aboutit à la disparition de l'avatar de certains joueurs. Dans le même ordre d'idées, une mise à jour du jeu de combat *Street Fighter V* de l'éditeur *Capcom* laissa ouverte une brèche, ou *backdoor*, que des cybercriminels auraient pu exploiter pour infiltrer le terminal des joueurs. Or, la sécurité, sous-entendue informatique, du contenu ou du service numérique fourni est l'une des qualités couvertes par la garantie de conformité.

S'il s'avère que les conditions de la garantie de conformité ne sont pas respectées, on retrouve alors une logique similaire à celle de la garantie applicable à la vente de biens meubles corporels en droit de la consommation. La priorité est donnée à la bonne exécution du contrat par la correction du contenu ou du service numérique fourni. Ce n'est que si celle-ci est impossible ou excessivement onéreuse que la réduction du prix ou la résolution du contrat sont envisagées (c. consom., art. L. 224-25-17 et s.). Il s'ensuit que les vagues de remboursement, auxquelles les distributeurs se soumettent en faveur des joueurs lorsque des jeux présentent des défauts dès leur lancement, ne relèvent pas d'une application stricte de la garantie légale de conformité, mais plutôt d'une démarche commerciale destinée à apaiser la colère de consommateurs mécontents. En effet, au sens de la garantie de conformité, tous les défauts, à raison de leur gravité, n'impliquent pas une résolution du contrat amenant à un remboursement. Et, en toutes circonstances, il convient d'abord d'essayer de corriger lesdits défauts.

C'est sur ce dernier point que la garantie de conformité portant sur les contenus numériques et les services numériques innove puisqu'elle introduit la notion de mises à jour. Celles-ci se définissent comme « les mises à jour ou les modifications visant à maintenir, adapter ou faire évoluer les fonctionnalités du contenu numérique ou du service numérique, y compris les mises à jour de sécurité, que ces mises à jour soient nécessaires ou non au maintien de la conformité du contenu ou service numérique » (c. consom., art. L. 224-25-24, al. 2nd). On en déduit donc qu'il s'agit de toute modification du contenu ou du service numérique en cours ou postérieurement à sa distribution. Or, il ressort des dispositions qui suivent qu'il convient de distinguer plusieurs types de mises à jour.

Les premières sont celles destinées à garantir la conformité du contenu numérique ou du service numérique, que ce soit pour le corriger ou pour le maintenir conforme pour faire face aux nouveaux risques informatiques qui auraient pu être identifiés (c. consom., art. L. 224-25-25). Puisqu'elles relèvent de la mise en œuvre de la garantie de conformité dont le professionnel est débiteur, celles-ci doivent être réalisées à titre gratuit. Dans la pratique, elles se présentent d'ailleurs souvent sous la dénomination de mise à jour de sécurité.

Les deuxièmes sont celles qui, non liées à la garantie de conformité, ont pour objet de faire évoluer les fonctionnalités de la prestation fournie. Il s'agit notamment des mises à jour des systèmes d'exploitation de certains terminaux de jeux, comme des consoles, qui offrent alors de nouvelles fonctionnalités ou interfaces. Celles-ci doivent alors respecter deux règles : être fournies aux consommateurs sans surcoût (c. consom., art. L. 224-25-26, 3°) ; pouvoir être refusées par les consommateurs si elles ont une incidence négative sur l'accès ou l'utilisation du contenu numérique ou du service numérique concerné (c. consom., art. L. 224-25-26, 4°).

Les dernières n'ont de lien avec les mises à jour, telles que définies précédemment, que parce qu'elles sont rendues accessibles aux consommateurs par le biais d'une même technologie : un téléchargement. Il s'agit de celles consistant en la fourniture de nouveaux contenus numériques ou services numériques. Souvent présentées sous le nom de *downloadable content*, ou *DLC*, ces mises à jour sont en réalité des contenus additionnels destinés à compléter ou à étendre l'expérience proposée par des contenus numériques ou services numériques préexistants. Puisqu'il s'agit de nouvelles prestations, celles-ci peuvent être proposées aux consommateurs moyennant le paiement d'une nouvelle somme d'argent. Si, dans la pratique, ces contenus ne sont pas toujours payants, tel le cas du jeu vidéo *No Man's Sky* précédemment cité qui propose régulièrement de nouveaux contenus et même une mise à niveau gratuite pour les détenteurs de la version de la console *Playstation 4* vers la console *Playstation 5* de *Sony*, ce n'est que par choix commercial. C'est pourquoi, dans des situations pourtant similaires, il est parfois demandé au joueur de payer une somme d'argent plus ou moins importante pour accéder aux nouveaux contenus proposés ou pour obtenir une mise à niveau d'un jeu de sa ludothèque vers une machine plus performante.

Il résulte de ces distinctions que les professionnels doivent donc porter une attention particulière à l'objet des mises à jour qu'ils déploient. Surtout, si une mise à jour poursuit plusieurs objectifs cumulatifs de façon indissociable, notamment de mise en conformité et de fourniture de contenus supplémentaires, il ne pourra pas être demandé aux consommateurs de payer la moindre somme d'argent supplémentaire, en raison de l'impérative gratuité du respect de la garantie de conformité.

Chapitre 10

La revente d'occasion des jeux vidéo

Contribuant à entretenir la confusion dans l'esprit des joueurs sur la question de savoir s'ils sont ou non propriétaires des jeux vidéo de leur ludothèque, un grand nombre d'entre eux est conforté dans cet avis, erroné, par le fait qu'ils ont la possibilité de revendre d'occasion des jeux vidéo sur support physique. En effet, beaucoup y voient la mise en œuvre de l'une des prérogatives appartenant à tout propriétaire d'un bien : le droit d'en disposer. Le développement de la distribution des jeux vidéo au format dématérialisé, via des plateformes comme le *Playstation Network* de *Sony* ou *Steam* de *Valve*, a donné une nouvelle envergure à la question de la revente d'occasion des jeux vidéo. En effet, faute de support physique, cette revente est matériellement impossible. Au mieux, certains joueurs procèdent à la cession de leur compte sur les différentes plateformes, incluant leur ludothèque, en communiquant au cessionnaire leurs identifiant et mot de passe. Or, quant à cette dernière possibilité, encore faut-il que les conditions générales d'utilisation de la plateforme ne contiennent pas une clause d'incessibilité.

Dans la mesure où l'objet de la « revente d'occasion » est un jeu vidéo, relevant de la catégorie des œuvres de l'esprit, il convient dans un premier temps de se référer au Code de la propriété intellectuelle qui, en la matière, prévoit des règles à raison de la nature de l'œuvre concernée et du support sur lequel elle a été distribuée.

La règle de principe est posée à l'article L. 122-3-1 du code précité qui, traitant de la revente d'une œuvre de l'esprit sur support matériel, met en œuvre la théorie dite de l'épuisement des droits. Ce texte dispose que, « dès lors que la première vente d'un ou des exemplaires matériels d'une œuvre a été autorisée par l'auteur ou ses ayants droit sur le territoire d'un État membre de la Communauté européenne ou d'un autre État partie à l'accord sur l'Espace économique européen, la vente de ces exemplaires de cette œuvre ne peut plus être interdite dans les États membres de la Communauté européenne et les États parties à l'accord sur l'Espace économique européen ». Il s'ensuit qu'une œuvre de l'esprit sur support physique, comme un livre, un album musical, une création audiovisuelle ou un jeu vidéo, peut être revendu d'occasion à un tiers, ce qui permet de rappeler que, si le vendeur n'est certes pas propriétaire de l'œuvre sur le support, il n'en demeure pas moins propriétaire dudit support. C'est d'ailleurs en raison de l'existence du support physique que cette théorie de l'épuisement des droits a été mise en place. En effet, le marché de l'occasion n'entre pas en concurrence directe du marché du neuf dans la mesure où le support physique présente une usure plus ou moins prononcée du seul fait de son utilisation par son précédent propriétaire.

Cette règle se retrouve à l'identique en ce qui concerne les logiciels diffusés sur support physique. En effet, l'article L. 122-6, 3°, du Code de la propriété intellectuelle prévoit que « la première vente d'un exemplaire d'un logiciel dans le territoire d'un État membre de la Communauté européenne ou d'un État partie à l'accord sur l'Espace économique européen par l'auteur ou avec son consentement épuise le droit de mise sur le marché de cet exemplaire dans tous les États membres [...] ». Une nouvelle fois, l'usure du support physique, expliquant l'application de l'épuisement des droits pour les œuvres de l'esprit traditionnelles, justifie que cette même règle s'applique s'il s'agit d'un logiciel.

Cependant, comme le laisse entendre son traitement particulier par le droit de la propriété intellectuelle, le logiciel n'est pas une œuvre de l'esprit comme une autre. Certes, son originalité ne repose pas dans l'effort créatif conscient de son auteur et dans l'empreinte de la personnalité de ce dernier, mais plutôt dans les efforts intellectuels fournis par celui-ci pour dépasser les contraintes techniques qu'il implique. Mais, de plus, alors qu'une œuvre de l'esprit ne se périme pas, comme en atteste la lecture toujours contemporaine de nombreux ouvrages pourtant rédigés il y a plusieurs siècles, le logiciel connaît quant à lui une certaine obsolescence, technique, par le dépassement de la technologie qu'il met en œuvre. C'est pourquoi les juges européens, saisis de la demande d'un éditeur s'opposant à la cession d'occasion de licences permettant l'utilisation de ses logiciels, ont débouté ce dernier au motif que la règle de l'épuisement des droits s'applique à tous les logiciels, quel que soit leur support, physique ou dématérialisé (CJUE, gde. ch., 3 juill. 2012, n° C-128/11, *UsedSoft* (Sté) c/ *Oracle International Corp.* (Sté)). La solution est pragmatique. Si le logiciel est obsolète, ce n'est pas en raison de la dégradation de son support physique mais du vieillissement de la technologie qui lui est inhérente. Dès lors, le marché de l'occasion du logiciel ne contrarie en rien celui du neuf.

Une question demeurait alors pleine et entière : *quid* des œuvres de l'esprit plus traditionnelles diffusées au format dématérialisé ? Faut-il appliquer la même indifférence du support comme pour les logiciels ou, à l'inverse, limiter la règle de l'épuisement des droits aux seules œuvres sur support physique ? La solution est une nouvelle fois venue de la Cour de justice de l'Union européenne. Dans son arrêt dit *Tom Kabinet*, rendu le 19 décembre 2019, les juges ont affirmé que la théorie de l'épuisement des droits n'a pas vocation à s'appliquer à des livres distribués au format électronique (CJUE, gde. ch., 19. déc. 2019, aff. C-263/18, *Nederlands Uitgeversverbond et Groep Algemene Uitgevers c/ Tom Kabinet Internet BV e.a.*). La décision se justifie une nouvelle fois par l'identification de l'origine de l'usure ou obsolescence qui caractérise les biens revendus sur le marché de l'occasion. L'usure d'un livre est liée à son support et non à la substance de l'œuvre en elle-même. Dès lors, si un livre dématérialisé est revendu d'occasion, il ne présenterait pas les caractéristiques de seconde main d'un bien déjà utilisé, de sorte qu'un tel marché de l'occasion entrerait en concurrence directe du marché du neuf. La théorie de l'épuisement des droits n'a alors pas vocation à s'appliquer.

L'arrêt *Tom Kabinet* a soulevé plusieurs interrogations quant à son champ d'application. Faut-il le considérer comme une décision propre aux seuls livres ou, à l'inverse, généralisable à toutes les œuvres de l'esprit ? De façon incidente, faut-il également l'appliquer aux jeux vidéo ? C'est alors que le débat de la nature juridique des jeux vidéo réapparaît. Lorsqu'il est question de titularité des droits sur les jeux créés, les éditeurs sont plutôt favorables à la qualification unitaire de logiciel en ce que cette dernière leur permet d'être automatiquement investis des droits patrimoniaux des programmes informatiques créés par leurs salariés à l'occasion de leur contrat de travail. Néanmoins, cette qualification tourne à leur désavantage lorsqu'il s'agit de traiter de la revente d'occasion des jeux puisque la théorie de l'épuisement des droits s'applique à tous les logiciels, quelle que soit la nature de leur support.

Pour les partisans de la revente d'occasion des jeux vidéo au format dématérialisé, le droit de la propriété intellectuelle ne fournit donc aucun argument en faveur de leur position. La question fit pourtant l'objet d'une importante procédure en droit français, opposant l'association de consommateurs *UFC Que-Choisir* à la plateforme de jeux vidéo américaine *Steam* de *Valve*. L'approche de l'association de consommateurs était originale en ce que, plutôt que de se placer sur le terrain du droit de la propriété intellectuelle, elle mobilisa le Code de la consommation, rappelant ainsi que les joueurs sont également des consommateurs. Elle saisit ainsi le Tribunal de grande instance de Paris d'une demande en suppression d'une multitude de clauses illicites ou abusives, au titre desquelles figurait une clause rappelant aux joueurs qu'ils n'ont pas le droit de revendre les jeux vidéo dématérialisés de leur ludothèque à des tiers. De façon très surprenante, allant à rebours des règles posées en droit de la propriété intellectuelle, les juges, dans un jugement du 17 septembre 2019, retinrent que les directives européennes 2001/29/CE et 2009/24/CE, dont découle la règle de l'épuisement des droits pour les œuvres de l'esprit et les logiciels en droit français, ne distinguent pas selon la nature de leur support. Par conséquent, ils ont considéré que la clause stipulée dans les conditions générales d'utilisation, interdisant la revente d'occasion des jeux vidéo dématérialisée, était illicite (TGI Paris, 17 sept. 2019, n° RG 16/01008).

La plateforme interjeta appel et obtint gain de cause en second degré de juridiction (CA Paris, pôle 5, ch. 2, 21 oct. 2022, n° 20/15768, *Sté Valve c/ UFC – Que Choisir*), puis en cassation (Cass. civ. 1re, 23 oct. 2024, n° 23-13.738, inédit). Après avoir rappelé que le jeu vidéo était une œuvre complexe, donc soumise au droit commun du droit d'auteur et non au seul régime spécial du logiciel, la Haute juridiction releva que « le jeu vidéo se retrouve rapidement sur le marché une fois la partie terminée et peut, contrairement au logiciel, être encore utilisé par de nouveaux joueurs plusieurs années après sa création », en déduisant alors que la règle de l'épuisement des droits n'avait pas vocation à s'appliquer si le support est dématérialisé. On notera une nouvelle fois le pragmatisme de la solution afin d'identifier la composante obsolescente du jeu vidéo. Comme pour un livre, un jeu vidéo a vocation à être découvert par un joueur parfois plusieurs années après sa création, de sorte que l'usure, caractéristique du marché de l'occasion, n'affecte que son support physique et non l'œuvre en elle-même. Une solution inverse aurait amené à une concurrence directe entre les marchés de l'occasion et du neuf, ce que les juges européens et français se sont bien gardés de permettre.

Bien qu'aboutissant à un arrêt de rejet, la procédure opposant l'association de consommateurs *UFC Que-Choisir* à la société américaine *Valve* est riche d'enseignements. D'une part, même si le jeu vidéo est avant tout une œuvre de l'esprit, les professionnels du secteur ne doivent pas oublier que le joueur est également un consommateur, donc éligible aux dispositifs protecteurs mis en place par le droit de la consommation. Ensuite, pour l'interprétation des règles de droit de la propriété intellectuelle, les considérations juridiques n'ont pas été les seules informations prises en compte. Au contraire, ce sont essentiellement des aspects économiques qui ont conduit à cette délimitation de la règle de l'épuisement des droits, aboutissant ainsi à une meilleure protection des ayants droit. Enfin, pour mettre en œuvre cette approche économique, les juges n'ont eu d'autre choix que de s'intéresser à la substance même de ce qu'est un jeu vidéo, c'est-à-dire une œuvre de l'esprit qui ne s'use pas et ne devient pas obsolète par son seul usage ou écoulement du temps, au même titre qu'une œuvre romanesque ou filmique.

Chapitre 11

La réglementation du jeu vidéo compétitif

Alors même que le jeu vidéo était encore considéré comme un jouet, des compétitions furent très tôt organisées pour comparer les performances des pratiquants. L'un des premiers événements d'envergure fut les *Nintendo World Championships*, compétition organisée aux États-Unis au cours des années 1990 et lors de laquelle les joueurs devaient réaliser le meilleur score dans un délai imparti sur trois jeux : *Super Mario Bros*, *Rad Racer* et *Tetris*. Les tournois ne cessèrent de se multiplier, qui plus est sur différents types de jeux, qu'il s'agisse de *versus fighting*, *first person shooter* ou *MOBA*. Ces compétitions se sont ensuite professionnalisées, certains joueurs vivant de leurs gains alors que, pour des jeux pratiqués en équipe, certaines de ces dernières ont commencé à rémunérer leurs membres.

Cette professionnalisation des compétitions de jeu vidéo, appelées en pratique *e-sport*, s'est réalisée en dehors de tout cadre légal spécifique. Les organisateurs de compétitions ont bien proposé des réglementations d'origine privé pour assurer leur bon déroulement, s'inspirant largement des événements sportifs. Pour autant, la protection des joueurs, notamment contre la précarité de leur situation économique et sociale, n'était pas satisfaisante. C'est pourquoi les pouvoirs publics français se sont saisis de la problématique pour élaborer une réglementation du jeu vidéo compétitif aux articles 101 et suivants de la loi pour une République numérique du 7 octobre 2016 (Loi n° 2016-1321 du 7 octobre 2016 pour une République numérique, *JORF*, 8 oct. 2016, Texte n° 1). Cette loi constitue un tournant dans l'histoire de l'*e-sport* dans la mesure où l'activité y est juridiquement consacrée. C'est ainsi que le législateur y définit la compétition de jeux vidéo comme confrontant, « à partir d'un jeu vidéo, au moins deux joueurs ou équipes de joueurs pour un score ou une victoire » (C. séc. int., art. L. 321-8, al. 2). De même, « le joueur professionnel salarié de jeu vidéo compétitif est défini comme toute personne ayant pour activité rémunérée la participation à des compétitions de jeu vidéo dans un lien de subordination juridique avec une association ou une société bénéficiant d'un agrément du ministre chargé du numérique [...] » (Loi Rép. num., art. 102, I). L'accent mis sur ces deux notions montre la volonté du législateur par la promulgation de cette loi : la protection des compétiteurs, qu'ils participent à titre individuel ou en équipe.

Il ressort des dispositions applicables plusieurs grandes mesures destinées à encadrer les compétitions de jeux vidéo.

La première porte sur la tenue et le déroulement de la compétition. Outre la nécessité d'obtenir une autorisation administrative pour son organisation, ses porteurs doivent également assurer que les gains promis seront bel et bien versés aux joueurs. C'est ainsi qu'ils sont dans l'obligation de mettre en place un instrument ou mécanisme de garantie de paiement (C. séc. int., art. L. 321-9), chaque fois que le montant total des gains promis dépasse le montant de 10 000 € (C. séc. int., art. R. 321-49).

La deuxième concerne l'âge des compétiteurs. C'est d'abord leur participation à une compétition qui est encadrée. En effet, lorsque le joueur est mineur, sa participation est subordonnée à l'autorisation de son représentant légal, préalablement informé des enjeux financiers de la compétition et du type de jeu pratiqué (C. séc. int., art. L. 321-10, al. 1er) puisque celui-ci peut être déconseillé à un jeune public. Pour autant, si le mineur a moins de douze ans, il lui est interdit de participer à une compétition offrant des récompenses monétaires (C. séc. int., art. R. 321-44). Ensuite, leurs gains sont protégés. De cette façon, ceux-ci sont versés en tout ou partie à la Caisse des dépôts et des consignations, dans une proportion déterminée par décret, jusqu'à la majorité de l'enfant ou son émancipation (C. séc. int., art. L. 321-10, al. 2nd).

La troisième famille de mesures vise le joueur salarié. Des équipes peuvent en effet conclure des contrats de travail avec des joueurs pour disputer des compétitions de jeux vidéo. Or, ce contrat de travail est encadré. Outre la nécessité pour l'employeur de bénéficier d'un agrément du ministre du numérique, le contrat ne peut pas avoir une durée inférieure à celle d'une saison de compétition de douze mois, sauf cas particuliers comme un contrat conclu en cours de saison ou pour le remplacement d'un joueur (L. Rép. num., art. 102). De même, si l'enfant est âgé de moins de seize ans, la conclusion du contrat est subordonnée à l'autorisation de l'autorité administrative compétente, par analogie avec les mineurs exerçant des activités du spectacle, du divertissement ou du mannequinat (C. trav., art. L. 7124-1).

Si la loi pour une République numérique a pu laisser un goût d'inachevé, c'est parce qu'une question phare n'a pas été tranchée : le jeu vidéo compétitif est-il un sport? La solution pourrait être perçue entre les lignes. Plutôt que de parler d'*e-sport* et d'*e-sportif*, comme il est d'usage dans la pratique et le langage courant, le législateur a opté pour les expressions de compétition de jeux vidéo et de joueur de jeu vidéo compétitif, écartant alors l'amalgame avec l'activité sportive. Pour autant, le jeu vidéo se rapproche du sport sur de nombreux points.

Certes, le sport ne fait l'objet d'aucune définition légale précise. Néanmoins, la lecture combinée du Code du sport et des jurisprudences administrative et judiciaire permet de mettre en exergue plusieurs critères de l'activité sportive : une activité compétitive organisée, en ce qu'elle est normée et propose des gains financiers; la performance physique des athlètes, impliquant une préparation adéquate; l'implication psychologique du compétiteur, condition essentielle pour obtenir les meilleurs résultats lors de la compétition.

Or, il s'avère que le jeu vidéo compétitif réunit ces différents critères. Tout d'abord, bien loin de leur caractère amateur de leurs débuts, les compétitions de jeux vidéo sont désormais très encadrées et normées, ce que corrobore d'ailleurs la loi pour une République numérique. Ensuite, les meilleurs joueurs parviennent à réaliser des performances physiques nécessitant un lourd entrainement préalable, comme en attestent pour certains types de jeux le nombre d'actions réalisées par seconde et, corrélativement, le risque de blessures associées. Enfin, la concentration nécessaire à la réalisation de ce nombre d'actions et aux réflexes requis pour réagir aux comportements adverses témoigne de l'implication psychologique des compétiteurs. Par la vérification de ces différentes conditions, on constate que le jeu vidéo compétitif se rapproche de très près d'une activité sportive. Seules deux limites sont notables : l'absence de fédération sportive comme pour les sports plus traditionnels, d'abord ; la grande part de hasard que certains jeux présentent, comme le jeu de cartes *Hearthstone* de *Blizzard Entertainment*, minimisant la part des performances du joueur dans le gain de la partie, ensuite.

Aussi surprenant que cela puisse paraître, à première vue, les acteurs du jeu vidéo compétitif n'étaient pas particulièrement favorables à ce que l'*e-sport* fût qualifié de sport. Pour cause, une telle qualification eut impliqué l'application du Code du sport, amenant à de nouvelles contraintes tant dans l'organisation des compétitions que pour la carrière des joueurs professionnels, ce que les acteurs du secteur certes ne souhaitaient pas, voire même ne pouvaient pas assumer. Leurs nombreuses auditions lors de la rédaction de la loi pour une République numérique peut d'ailleurs expliquer que la qualification de sport n'ait pas été retenue pour le jeu vidéo compétitif. Parmi les contraintes imposées aux activités sportives, on retrouve entre autres les obligations spécifiques liées à l'organisation des compétitions, notamment en ce qui concerne l'obligation de sécurité pesant sur les organisateurs et la gestion des droits liés à leur rediffusion, le régime spécifique applicable aux mandataires et agents sportifs, ou encore le suivi biologique des compétiteurs en vue d'endiguer le phénomène du dopage.

Ceci ne signifie pas pour autant que les acteurs du jeu vidéo compétitif entendent laisser libre cours aux pratiques que le Code du sport cherche à empêcher, bien au contraire. Les compétitions de jeux vidéo n'échappent pas à différentes tentatives de triche des compétiteurs, que ce soit par dopage afin d'augmenter leurs réflexes et leur concentration, ou par une modification frauduleuse de leur matériel embarquant des logiciels de triche. Dans le même ordre d'idées, les équipes sont de plus en plus impliquées dans la vie de leurs joueurs, certaines s'encadrant de professionnels de santé pour assurer la préparation physique et le suivi psychologique de leurs équipes. Les organisateurs de compétitions sont également particulièrement soucieux du bon déroulement de leurs événements et donc de la sécurité du public et des joueurs, une mauvaise expérience ou un accident pouvant ternir leur image et nuire à leur succès.

En définitive, le choix qui a été fait par le législateur avec la loi pour une République numérique reflète la physionomie particulière du jeu vidéo compétitif. Un encadrement juridique s'imposait puisque les règles alors existantes ne prenaient pas en considération les spécificités de cette activité. Cependant, plutôt qu'une réglementation exhaustive et stricte, comme ce à quoi aurait conduit la qualification de l'*e-sport* en sport, c'est une législation *a minima* qui a été adoptée, laissant de la sorte une large part à l'auto-régulation par les acteurs du jeu vidéo compétitif. Ceci présente un double avantage : permettre aux intéressés de réagir au plus vite, avec des solutions adaptées, aux nouvelles pratiques et comportements qui nuiraient au bon déroulement des compétitions; ne pas ralentir ou enrayer le développement du jeu vidéo compétitif, fortement lié aux nouvelles technologies dont la vitesse de développement dépasse de loin celle du processus législatif.

Lexique

***Avatar* :** Personnage virtuel qu'un joueur choisit d'incarner pour le représenter graphiquement dans un univers numérique.

***Bug* :** En langage informatique, un bogue, ou *bug*, est un défaut de conception d'un programme informatique à l'origine d'un dysfonctionnement.

***Crafting* :** Souvent utilisé comme synonyme d'artisanat dans les jeux vidéo de type MMORPG, le *crafting* est un système qui permet au joueur de créer de toutes pièces des personnages ou des biens utilisables en cours de partie.

***DLC* :** Abréviation de *downloadable content*, le *DLC*, appelé également contenu téléchargeable, est une extension d'un programme, le plus souvent un jeu vidéo, qu'il est possible de télécharger légalement soit gratuitement, soit à titre onéreux. Un *DLC* ne peut pas fonctionner indépendamment du jeu original.

***E-sport* :** Le sport électronique, ou *e-sport*, est la pratique compétitive du jeu vidéo.

***Émulation* :** En matière informatique, l'émulation consiste à substituer un élément informatique par un logiciel.

En matière de jeux vidéo, l'émulation revient à utiliser un logiciel pour remplacer un ordinateur ou une console et faire fonctionner les jeux dédiés sur un support auquel ils ne sont pas originellement destinés.

Fan-game **:** Jeux réalisés par des fans. Les *fan-games* reprennent des personnages, des concepts ou des univers issus de jeux préexistants, souvent en violation des droits de propriété intellectuelle. Ils sont considérés comme des jeux amateurs, par opposition aux jeux réalisés par des professionnels.

Farming **:** En matière de jeux vidéo, le *farming* est une pratique qui consiste à consacrer une partie du temps de jeu à la collecte d'objets, d'argent ou d'expérience, en répétant les mêmes actions.

FPS **:** Abréviation de *first person shooter*, traduit en français par « jeu de tir en vue subjective », ou jeu de tir à la première personne. Jeu de tir dans lequel le joueur voit ce que le personnage qu'il contrôle est supposé voir[1]. On parle également de *Doom-like*, le jeu *Doom* ayant popularisé ce type de jeux auprès du grand public.

Game design **:** Utilisé pour tous types de jeux, comme les jeux de société, les jeux de carte ou les jeux vidéo, le *game design* est le processus de création et de mise au point des règles et des

1. Vocabulaire de la culture et des médias (liste des termes, expressions et définitions adoptés), *JORF* 8 avr. 2017, texte 94.

autres éléments constitutifs du jeu. En matière de jeu vidéo, le *game design* vise plus spécifiquement la place de la caméra, l'interface utilisée pour jouer (manette, souris, clavier...), et les actions que le joueur pourra effectuer, ce qui est désigné par la règle des « 3 C », pour *camera, control, character.*

***Gameplay* :** Expérience vidéoludique du joueur, c'est-à-dire son ressenti quand il joue à un jeu vidéo. Le *gameplay* varie selon le type de jeu et, dans chaque catégorie, selon le jeu lui-même.

***Hardware* :** Matériel informatique, par opposition au *software*, qui concerne les logiciels.

***In game* :** Expression désignant toutes les actions réalisées et objets présents au sein d'un jeu.

***ISO* :** Provenant des normes élaborées par l'Organisation Internationale de Normalisation (*International Organization for Standardization* – ISO), un fichier ISO est une image disque du contenu d'un support optique. En rétrogaming, les fichiers ISO sont utilisés pour faire fonctionner des jeux vidéo stockés à l'origine sur support optique à l'aide d'un émulateur.

***Linker* :** Outil informatique dont l'objet est de faire fonctionner des jeux vidéo obtenus illégalement sur une machine propriétaire.

***MMORPG* :** Abréviation de *massively multiplayer online role-playing game*, traduit en français par « jeu de rôle en ligne multijoueur de masse ». Jeu dans lequel le joueur interagit avec les autres joueurs et son environnement virtuel par le biais de son avatar[2].

MOBA **:** Abréviation de *multiplayer online battle arena*, ou arène de bataille en ligne multijoueur. Ce type de jeu associe le jeu de stratégie en temps réel et le jeu de rôle, et se joue en multijoueurs répartis en équipes adverses.

Mod / modding **:** Modification du jeu original par l'ajout d'un logiciel qui le transforme soit en partie soit dans sa totalité. Le *modding* désigne la pratique de modifier des jeux déjà existants.

QTE **:** Abréviation de *Quick Time Event*, le *QTE* est un élément de *gameplay* consistant en une phase de jeu où l'exécution des indications affichées à l'écran dans un temps imparti conditionne une issue précalculée. La phase de jeu repose ainsi sur la concentration et les réflexes du joueur.

Reverse engineering **:** Également appelé rétro-ingénierie ou ingénierie inverse ou inversée, le *reverse engineering* désigne l'activité qui consiste à étudier un objet pour en déterminer le fonctionnement interne ou la méthode de fabrication.

ROM **:** Acronyme de *Read Only Memory*, les ROMs, ou mémoires mortes, sont des fichiers contenant des

2. Vocabulaire de la culture et des médias (liste des termes, expressions et définitions adoptés), *JORF* 8 avr. 2017, texte 94.

informations lisibles plusieurs fois et qui ne peuvent plus être modifiées. En rétrogaming, les ROMs sont utilisées pour faire fonctionner des jeux vidéo stockés à l'origine sur support cartouche à l'aide d'un émulateur.

RPG **:** Abréviation de *role playing game*, ou jeu de rôle, désigne un type de jeu dans lequel le joueur incarne un ou plusieurs personnages qu'il fait évoluer au fil de sa quête.

Sound designer **:** Métier qui consiste à concevoir des créations sonores. Il est notamment chargé de déterminer l'identité sonore du jeu vidéo.

Streaming **:** Technique utilisée principalement pour l'envoi de contenus audio et/ou vidéo en direct et de manière continue. Le *streaming* permet de débuter la lecture d'un flux audio et/ou vidéo au fur et à mesure de son téléchargement.

Survival horror **:** Appelé également jeu d'horreur, le *survival horror* est un type de jeu vidéo d'action-aventure inspiré des fictions d'horreur. Le joueur y est souvent placé en situation de vulnérabilité, mettant ainsi l'accent sur la résolution d'énigmes et l'évasion plutôt que sur la violence.

Versus fighting **:** Genre de jeu de combat opposant un nombre limité d'adversaires, le plus souvent sous la forme d'un duel.

Bibliographie indicative

BRUNAUX Geoffray, *Le jeu vidéo, un objet juridique identifié*, Mare & Martin, 2019, coll. Droit privé & sciences criminelles.

BRUNAUX Geoffray (dir.), *Les contentieux du jeu vidéo, Originalité et variété*, Mare & Martin, 2021, coll. Droit privé & sciences criminelles.

BRUNAUX Geoffray, *Une brève histoire juridique du jeu vidéo*, Mare & Martin, 2025, coll. Droit privé & sciences criminelles.

BRUNAUX Geoffray, DEFFERRARD Fabrice, « *Star Trek* et les fan-films, Vers un début de réglementation ? », *D.* 2016, p. 2082 et s.

CHOMIAC DE SAS Pierre-Xavier, *Fiches de droit et des métiers de l'e-sport*, Ellipses, 2022.

GROFFE-CHARRIER Julie, Répertoire IP/IT et Communication, *Dalloz*, 2020, V° Jeu vidéo et droit d'auteur.

IREDIC (dir.), *Le jeu vidéo et le droit*, PUAM, 2010, coll. Droit de l'information et de la communication.

MOURON Philippe, RABU Gaylor, *Droit du jeu vidéo*, Larcier Interstitia, 2025, coll. Droit des technologies.

RABU Gaylor, REVERCHON-BILLOT Morgane (dir.), *Les enjeux juridiques de l'e-sport*, PUAM, 2017, coll. Centre de droit du sport.

Table des matières

Chapitre introductif. La définition légale du jeu vidéo 9

Chapitre 1. Le jeu vidéo, une œuvre de l'esprit complexe 17

Chapitre 2. Qui est titulaire des droits d'auteur sur un jeu vidéo? 25

Chapitre 3. L'influence des origines créatives du jeu vidéo sur le droit d'auteur 31

Chapitre 4. Les mesures techniques de protection... 37

Chapitre 5. L'émulation est-elle légale? 45

Chapitre 6. Les modifications des jeux vidéo par les joueurs 53

Chapitre 7. Le joueur est-il propriétaire des jeux vidéo de sa ludothèque? 61

Chapitre 8. La protection des contenus virtuels des joueurs 69

Chapitre 9. Les jeux défectueux 77

Chapitre 10. La revente d'occasion des jeux vidéo... 87

Chapitre 11. La réglementation du jeu vidéo compétitif 95

Lexique 103

Bibliographie indicative 109

16, rue Danton – 94270 Le Kremlin-Bicêtre
www.mareetmartin.com

ISBN : 978-2-38600-203-8

Achevé d'imprimer par Dupliprint à Domont (95)
Dépôt légal - second semestre 2026
Imprimé en France